农民工安全生产培训丛书

农民工职业病鉴定与防治常识

张力娜　等编

丛书组写组：张力娜　闫长洪　陈国恩
张　平　林　文　赵霁春
袁东旭　袁　晖　曹　军
舒江华　张金保

中国劳动社会保障出版社

图书在版编目(CIP)数据

农民工职业病鉴定与防治常识/张力娜等编．—北京：中国劳动社会保障出版社，2011

农民工安全生产培训丛书

ISBN 978-7-5045-9011-4

Ⅰ.①农… Ⅱ.①张… Ⅲ.①民工-职业病-鉴定-基本知识-中国②民工-职业病-防治-基本知识 Ⅳ.①D922.54②R135

中国版本图书馆 CIP 数据核字(2011)第 071744 号

中国劳动社会保障出版社出版发行

（北京市惠新东街1号　邮政编码：100029）

出版人：张梦欣

*

北京金明盛印刷有限公司印刷装订　　新华书店经销

787 毫米×1092 毫米　32 开本　6.25 印张　126 千字

2011 年 5 月第 1 版　　2014 年 10 月第 4 次印刷

定价：18.00 元

读者服务部电话：010-64929211/64921644/84643933

发行部电话：010-64961894

出版社网址：http://www.class.com.cn

内容提要

目前我国的职业病防治工作不容乐观，职业病发病率呈现不断上升趋势，对劳动者的健康构成严重威胁。由于职业病不像火灾、爆炸那样对生命的危害特别明显，也不像各类伤亡事故那样容易引起社会的广泛关注，所以常常被人们所忽视。其实，职业病的危害程度远远高于生产安全事故和交通事故，需要引起特别的重视。预防职业病，首先需要了解职业病的有关知识，本书分为两个部分：一是详细介绍了有关职业病界定及职业病目录，职业病的诊断与鉴定的有关知识，包括职业病诊断与鉴定的有关规定，职业病的诊断与鉴定相关事项等；二是详细介绍了职业病防治的有关规定与方法，粉尘类职业危害与防治知识，工业毒物职业危害与防治知识，物理因素职业危害与防治知识，职业性皮肤病和职业肿瘤防治知识，劳动防护用品的使用知识等。通过对本书相关知识的学习，能够预防和避免职业病的伤害。

前　言

目前，全国进城务工和在工矿商贸等企业就业的农民工总数超过2.4亿人，其中进城务工人员在1.5亿人以上。农民工为我国农村发展、城市繁荣和现代化建设作出了重要贡献，已经成为产业工人的重要组成部分。但是由于多种原因，农民工整体文化素质较低，安全意识淡薄，缺乏必要的安全知识和自我防范能力，给安全生产带来很大压力。据统计，近几年发生的生产安全伤亡事故，90%以上是由于人的不安全行为造成的，80%以上发生在农民工比较集中的小企业；每年职业伤害、职业病新发病例和死亡人员中，半数以上是农民工。因此，加强农民工安全生产培训，已经成为保护农民工根本利益，促进安全生产形势稳定好转的一项紧迫任务。

在对农民工的安全生产培训上，企业是安全生产培训的责任主体。企业需要加强对职工特别是农民工安全生产培训的组织管理，按照《安全生产法》及《生产经营单位安全生产培训规定》（安全监管总局令第3号）等有关法律法规和规章，建立健全安全生产培训制度，把农民工安全生产培训工作纳入企业年度工作计划，积极组织或选送农民工参加有关培训，并保证本企业安全生产培训所需资金。对农民工安全生产培训的主要内容包括：安全生产法律法规；安全生产基本常识；安全生产操作规程；从业人员安全生产的权利和义务；事故案例分析；工作环境及危险因素分析；危险源和隐患辨识；个人防险、避灾、自救方法；事故现场紧急疏散和应急处置；安全设施和个人劳动防护用品的使用和维护；职业病防治等。

这套“农民工安全生产培训丛书”，针对农民工的特点和培训要求，在编写内容上力求切合实际，叙述上做到深入浅出，语言上通俗易懂，以安全生产常识培训教育为主，既可用于企业和培训机构进行培训与教学，也便于农民工理解和自学。

我们衷心祝愿广大的农民工兄弟，通过本套丛书的学习培训，进一步提高自身安全素质，在生产劳动中努力做到“不伤害自己，不伤害他人，不被他人所伤害”。同时也希望工矿商贸等各类企业，严格按照有关法律法规的规定，认真落实安全生产、安全培训的主体责任，保障安全生产，有效防范各类事故，促进企业的不断发展壮大。

“农民工安全生产培训丛书”编委会

2011 年 1 月

目　　录

第一章　职业病的诊断与鉴定

近年来，随着我国工业化的迅速发展，职业病防治工作的形势十分严峻，职业病危害已经成为影响劳动者健康，造成劳动者过早失去劳动能力的最主要的因素。据有关卫生专家预测，如不采取有效防治措施，今后将有大批职业病人出现。因粉尘、放射污染和有毒、有害作业导致劳动者患职业病死亡、致残、部分丧失劳动能力的人数将不断增加，其危害程度远远高于生产安全事故和交通事故。

第一节　职业病诊断与鉴定的有关规定

一、《职业病防治法》关于职业病诊断与鉴定的有关规定

对职业病的诊断与鉴定，主要与两个法律法规有关，即《中华人民共和国职业病防治法》（以下简称《职业病防治法》)、《职业病诊断与鉴定管理办法》（中华人民共和国卫生部24号令)。

为了保护劳动者的合法权益，2001年10月，全国人大常委会审议通过了《职业病防治法》，并于2002年5月1日起施行，这标志着我国劳动保护、安全生产工作进入了一个新阶段。

《职业病防治法》分为七章七十九条，各章内容为：第一章总则；第二章前期预防；第三章劳动过程中的防护与管理；第四章职业病诊断与职业病病人保障；第五章监督检查；第六章法律责任；第七章附则。制定该法的目的，是为了预防、控制和消除职业病危害，防治职业病，保护劳动者健康及其相关权益，促进经济发展。

《职业病防治法》第四章，专门对职业病诊断与职业病病人保障有关事项做出规定。有关内容如下：

◆职业病诊断应当由省级以上人民政府卫生行政部门批准的医疗卫生机构承担。

◆劳动者可以在用人单位所在地或者本人居住地依法承担职业病诊断的医疗卫生机构进行职业病诊断。

◆职业病诊断，应当综合分析下列因素：

（1）病人的职业史；

（2）职业病危害接触史和现场危害调查与评价；

（3）临床表现以及辅助检查结果等。没有证据否定职业病危害因素与病人临床表现之间的必然联系的，在排除其他致病因素后，应当诊断为职业病。

承担职业病诊断的医疗卫生机构在进行职业病诊断时，应当组织三名以上取得职业病诊断资格的执业医师集体诊断。

职业病诊断证明书应当由参与诊断的医师共同签署，并经承担职业病诊断的医疗卫生机构审核盖章。

◆当事人对职业病诊断有异议的，可以向作出诊断的医疗卫生机构所在地地方人民政府卫生行政部门申请鉴定。

职业病诊断争议由设区的市级以上地方人民政府卫生行政部门根据当事人的申请，组织职业病诊断鉴定委员会进行鉴定。

当事人对设区的市级职业病诊断鉴定委员会的鉴定结论不服的，可以向省、自治区、直辖市人民政府卫生行政部门申请再鉴定。

◆职业病诊断鉴定委员会由相关专业的专家组成。

省、自治区、直辖市人民政府卫生行政部门应当设立相关的专家库，需要对职业病争议作出诊断鉴定时，由当事人或者当事人委托有关卫生行政部门从专家库中以随机抽取的方式确定参加诊断鉴定委员会的专家。

职业病诊断鉴定委员会应当按照国务院卫生行政部门颁布的职业病诊断标准和职业病诊断、鉴定办法进行职业病诊断鉴定，向当事人出具职业病诊断鉴定书。职业病诊断鉴定费用由用人单位承担。

◆职业病诊断鉴定委员会组成人员应当遵守职业道德，客观、公正地进行诊断鉴定，并承担相应的责任。职业病诊断鉴定委员会组成人员不得私下接触当事人，不得收受当事人的财物或者其他好处，与当事人有利害关系的，应当回避。

人民法院受理有关案件需要进行职业病鉴定时，应当从省、自治区、直辖市人民政府卫生行政部门依法设立的相关的专家库中选取参加鉴定的专家。

◆职业病诊断、鉴定需要用人单位提供有关职业卫生和健康监护等资料时，用人单位应当如实提供，劳动者和有关机构也应当提供与职业病诊断、鉴定有关的资料。

◆医疗卫生机构发现疑似职业病病人时，应当告知劳动者本人并及时通知用人单位。

用人单位应当及时安排对疑似职业病病人进行诊断；

在疑似职业病病人诊断或者医学观察期间，不得解除或者终止与其订立的劳动合同。

疑似职业病病人在诊断、医学观察期间的费用，由用人单位承担。

◆职业病病人依法享受国家规定的职业病待遇。

用人单位应当按照国家有关规定，安排职业病病人进行治疗、康复和定期检查。

用人单位对不适宜继续从事原工作的职业病病人，应当调离原岗位，并妥善安置。

用人单位对从事接触职业病危害的作业的劳动者，应当给予适当岗位津贴。

◆职业病病人的诊疗、康复费用，伤残，以及丧失劳动能力的职业病病人的社会保障，按照国家有关工伤社会保险的规定执行。

◆职业病病人除依法享有工伤社会保险外，依照有关民事法律，尚有获得赔偿的权利的，有权向用人单位提出赔偿要求。

◆劳动者被诊断患有职业病，但用人单位没有依法参加工伤社会保险的，其医疗和生活保障由最后的用人单位承担；最后的用人单位有证据证明该职业病是先前用人单位的职业病危害造成的，由先前的用人单位承担。

◆职业病病人变动工作单位，其依法享有的待遇不变。

用人单位发生分立、合并、解散、破产等情形的，应当对从事接触职业病危害的作业的劳动者进行健康检查，并按照国家有关规定妥善安置职业病病人。

二、《职业病诊断与鉴定管理办法》的有关规定

为了配合《职业病防治法》的贯彻落实，2002 年 3 月 28 日，卫生部专门发布了《职业病诊断与鉴定管理办法》，并于 2002 年 5 月 1 日起施行。

《职业病诊断与鉴定管理办法》分为七章四十一条，各章内容为：第一章总则；第二章诊断机构；第三章诊断；第四章鉴定；第五章监督管理；第六章罚则；第七章附则。该办法对职业病诊断与鉴定的有关事项做了进一步详细的规定。有关内容如下：

◆职业病的诊断与鉴定工作应当遵循科学、公正、公开、公平、及时、便民的原则。

职业病诊断、鉴定工作应当依据《职业病防治法》及本办法的规定和国家职业病诊断标准进行，并符合职业病诊断与鉴定的程序。

◆从事职业病诊断的医疗卫生机构，应当具备以下条件：

（1）持有《医疗机构执业许可证》；

（2）具有与开展职业病诊断相适应的医疗卫生技术人员；

（3）具有与开展职业病诊断相适应的仪器、设备；

（4）具有健全的职业病诊断质量管理制度。

◆从事职业病诊断的医师应当具备以下条件，并取得省级卫生行政部门颁发的资格证书：

（1）具有执业医师资格；

（2）具有中级以上卫生专业技术职务任职资格；

（3）熟悉职业病防治法律规范和职业病诊断标准；

（4）从事职业病诊疗相关工作5年以上；

（5）熟悉工作场所职业病危害防治及其管理；

（6）经培训、考核合格。

◆申请职业病诊断时应当提供：

（1）职业史、既往史；

（2）职业健康监护档案复印件；

（3）职业健康检查结果；

（4）工作场所历年职业病危害因素检测、评价资料；

（5）诊断机构要求提供的其他必需的有关材料。

用人单位和有关机构应当按照诊断机构的要求，如实提供必要的资料。

没有职业病危害接触史或者健康检查没有发现异常的，诊断机构可以不予受理。

◆职业病诊断应当依据职业病诊断标准，结合职业病危害接触史、工作场所职业病危害因素检测与评价、临床表现和医学检查结果等资料，进行综合分析做出。

对不能确诊的疑似职业病病人，可以经必要的医学检查或者住院观察后，再做出诊断。

◆没有证据否定职业病危害因素与病人临床表现之间的必然联系的，在排除其他致病因素后，应当诊断为职业病。

◆职业病诊断机构在进行职业病诊断时，应当组织三名以上取得职业病诊断资格的执业医师进行集体诊断。

对职业病诊断有意见分歧的，应当按多数人的意见诊断；对不同意见应当如实记录。

◆职业病诊断机构做出职业病诊断后，应当向当事人出具职业病诊断证明书。职业病诊断证明书应当明确是否患有职业病，对患有职业病的，还应当载明所患职业病的名称、程度（期别）、处理意见和复查时间。

职业病诊断证明书应当由参加诊断的医师共同签署，并经职业病诊断机构审核盖章。

职业病诊断证明书应当一式三份，劳动者、用人单位各执一份，诊断机构存档一份。

职业病诊断证明书的格式由卫生部统一规定。

◆用人单位和医疗卫生机构发现职业病病人或者疑似职业病病人时，应当按规定报告。确诊为职业病的，用人单位还应当向所在地县级劳动保障行政部门报告。

◆职业病诊断机构应当建立职业病诊断档案并永久保存，档案内容应当包括：

（1）职业病诊断证明书；

（2）职业病诊断过程记录：包括参加诊断的人员、时间、地点、讨论内容及诊断结论；

（3）用人单位和劳动者提供的诊断用的所有资料；

（4）临床检查与实验室检验等结果报告单；

（5）现场调查笔录及分析评价报告。

◆确诊为职业病的患者，用人单位应当按照职业病诊断证明书上注明的复查时间安排复查。

◆当事人对职业病诊断有异议的，在接到职业病诊断证明书之日起 30 日内，可以向做出诊断的医疗卫生机构所在地设区的市级卫生行政部门申请鉴定。

设区的市级卫生行政部门组织的职业病诊断鉴定委员会负责职业病诊断争议的首次鉴定。

当事人对设区的市级职业病诊断鉴定委员会的鉴定结论不服的，在接到职业病诊断鉴定书之日起 15 日内，可以向原鉴定机构所在地省级卫生行政部门申请再鉴定。

省级职业病诊断鉴定委员会的鉴定为最终鉴定。

◆省级卫生行政部门应当设立职业病诊断鉴定专家库。专家库由具备下列条件的专业技术人员组成：

（1）具有良好的业务素质和职业道德；

（2）具有相关专业的高级卫生技术职务任职资格；

（3）具有五年以上相关工作经验；

（4）熟悉职业病防治法律规范和职业病诊断标准；

（5）身体健康，能够胜任职业病诊断鉴定工作。

专家库专家任期四年，可以连聘连任。

◆职业病诊断鉴定委员会承担职业病诊断争议的鉴定工作。职业病诊断鉴定委员会由卫生行政部门组织。

◆卫生行政部门可以委托办事机构承担职业诊断鉴定的组织和日常性工作。职业病诊断鉴定办事机构的职责是：

（1）接受当事人申请；

（2）组织当事人或者接受当事人委托抽取职业病诊断鉴定委员会专家；

（3）管理鉴定档案；

（4）承办与鉴定有关的事务性工作；

（5）承担卫生行政部门委托的有关鉴定的其他工作。

◆参加职业病诊断鉴定的专家，由申请鉴定的当事人在职业病诊断鉴定办事机构的主持下，从专家库中以随机抽取的方式确定。

当事人也可以委托职业病诊断鉴定办事机构抽取专家。

职业病诊断鉴定委员会组成人数为5人以上单数，鉴定委员会设主任委员1名，由鉴定委员会推举产生。

在特殊情况下，职业病诊断鉴定专业机构根据鉴定工作的需要，可以组织在本地区以外的专家库中随机抽取相关专业的专家参加鉴定或者函件咨询。

◆当事人申请职业病诊断鉴定时，应当提供以下材料：

（1）职业病诊断鉴定申请书；

（2）职业病诊断证明书；

（3）本办法第十一条规定的材料；

（4）其他有关资料。

（说明：第十一条规定的材料包括：①职业史、既往史；②职业健康监护档案复印件；③职业健康检查结果；④工作场所历年职业病危害因素检测、评价资料；⑤诊断机构要求提供的其他必需的有关材料。）

◆职业病诊断鉴定办事机构应当自收到申请资料之日起10日内完成材料审核，对材料齐全的发给受理通知书；材料不全的，通知当事人补充。

职业病诊断鉴定办事机构应当在受理鉴定之日起60日内组织鉴定。

◆鉴定委员会应当认真审查当事人提供的材料，必要时可以听取当事人的陈述和申辩，对被鉴定人进行医学检查，对被鉴定人的工作场所进行现场调查取证。

鉴定委员会根据需要可以向原职业病诊断机构调阅有关的诊断资料。

鉴定委员会根据需要可以向用人单位索取与鉴定有关的资料。用人单位应当如实提供。

对被鉴定人进行医学检查，对被鉴定人的工作场所进行现场调查取证等工作由职业病诊断鉴定办事机构安排、组织。

◆职业病诊断鉴定委员会可以根据需要邀请其他专家

参加职业病诊断鉴定。邀请的专家可以提出技术意见、提供有关资料，但不参与鉴定结论的表决。

◆职业病诊断鉴定委员会应当认真审阅有关资料，依照有关规定和职业病诊断标准，运用科学原理和专业知识，独立进行鉴定。在事实清楚的基础上，进行综合分析，做出鉴定结论，并制作鉴定书。鉴定结论以鉴定委员会成员的过半数通过。鉴定过程应当如实记载。

职业病诊断鉴定书应当包括以下内容：

（1）劳动者、用人单位的基本情况及鉴定事由；

（2）参加鉴定的专家情况；

（3）鉴定结论及其依据，如果为职业病，应当注明职业病名称，程度（期别）；

（4）鉴定时间。

参加鉴定的专家应当在鉴定书上签字，鉴定书加盖职业病诊断鉴定委员会印章。

职业病诊断鉴定书应当于鉴定结束之日起 20 日内由职业病诊断鉴定办事机构发送当事人。

◆职业病诊断鉴定过程应当如实记录，其内容应当包括：

（1）鉴定专家的情况；

（2）鉴定所用资料的名称和数目；

（3）当事人的陈述和申辩；

（4）鉴定专家的意见；

（5）表决的情况；

（6）鉴定结论；

（7）对鉴定结论的不同意见；

（8）鉴定专家签名；

（9）鉴定时间。

鉴定结束后，鉴定记录应当随同职业病诊断鉴定书一并由职业病诊断鉴定办事机构存档。

◆职业病诊断、鉴定的费用由用人单位承担。

第二节　职业病界定及职业病目录

一、职业病的界定

根据《职业病防治法》第二条的规定，职业病是指企业、事业单位和个体经济组织（以下统称用人单位）的劳动者在职业活动中，因接触粉尘、放射性物质和其他有毒、有害物质等因素而引起的疾病。其中，危害因素是指职业活动中存在的各种有害的化学、物理、生物因素以及在作业过程中产生的其他职业有害因素。

构成《职业病防治法》所称的职业病，必须具备四个要件：

（1）患病主体必须是企业、事业单位或者个体经济组织的劳动者；

（2）必须是在从事职业活动的过程中产生的；

（3）必须是因接触粉尘、放射性物质和其他有毒、有害物质等因素而引起的，其中放射性物质是指放射性同位素或射线装置发出的α射线、β射线、Υ射线、X射线、中子射线等电离辐射；

（4）必须是国家公布的职业病分类和目录所列的职业病。

在上述四个要件中，缺少任何一个要件，都不属于

《职业病防治法》所称的职业病。

二、职业病的特点

职业病防治医学专家们认为，职业病具有以下七个特点：

（1）病因明确，病因即职业危害因素，在控制病因或作用条件后，可以消除或减少发病。

（2）所接触的病因大多是可以检测的，而且其浓度或强度需要达到一定的程度，才能使劳动者致病，一般接触职业病危害因素的浓度或强度与病因有直接关系。

（3）在接触同样有害因素的人群中，常有一定数量的发病率，很少只出现个别病人。

（4）如能早期诊断，及早、妥善治疗与处理，预后相对较好，康复相对较易。

（5）不少职业病，目前世界上尚无特效治疗，只能对症治疗，所以发现并确诊越晚疗效越差。

（6）职业病是可以预防的。

（7）在同一生产环境从事同一种工作的人中，个体发生职业病的机会和程度也有很大差别，这主要取决于以下因素：遗传因素、年龄和性别的差异、缺乏营养、其他疾病和精神因素、不良生活方式或个人习惯，如长期摄取不合理膳食、吸烟、过量饮酒、缺乏锻炼和精神过度紧张等，都能增加职业性损害程度；而掌握职业病防治科学知识的劳动者，并具有健康的生活方式、良好的生活习惯，就能较为自觉地采取预防危害因素的措施。

三、职业病的分类和目录

《职业病防治法》将职业病范围限定于对劳动者身体健康危害大的几类职业病，并且授权国务院卫生行政部门会同国务院劳动保障行政部门规定、调整并公布职业病的分类和目录。2002 年 4 月 18 日，卫生部、劳动和社会保障部颁布了新的《职业病目录》。

新的《职业病目录》（10 类 115 种）具体内容如下：

（1）尘肺

①矽肺；②煤工尘肺；③石墨尘肺；④炭黑尘肺；⑤石棉肺；⑥滑石尘肺；⑦水泥尘肺；⑧云母尘肺；⑨陶工尘肺；⑩铝尘肺；⑪电焊工尘肺；⑫铸工尘肺；⑬根据《尘肺病诊断标准》和《尘肺病理诊断标准》可以诊断的其他尘肺。

（2）职业性放射性疾病

①外照射急性放射病；②外照射亚急性放射病；③外照射慢性放射病；④内照射放射病；⑤放射性皮肤疾病；⑥放射性肿瘤；⑦放射性骨损伤；⑧放射性甲状腺疾病；⑨放射性性腺疾病；⑩放射复合伤；⑪根据《职业性放射性疾病诊断标准（总则）》可以诊断的其他放射性损伤。

（3）职业中毒

①铅及其化合物中毒（不包括四乙基铅）；②汞及其化合物中毒；③锰及其化合物中毒；④镉及其化合物中毒；⑤铍病；⑥铊及其化合物中毒；⑦钡及其化合物中毒；⑧钒及其化合物中毒；⑨磷及其化合物中毒；⑩砷及其化合物中毒；⑪铀中毒；⑫砷化氢中毒；⑬氯气中毒；⑭二氧化硫中毒；⑮光气中毒；⑯氨中毒；⑰偏二甲基肼中毒；

⑱氮氧化合物中毒；⑲一氧化碳中毒；⑳二硫化碳中毒；㉑硫化氢中毒；㉒磷化氢、磷化锌、磷化铝中毒；㉓工业性氟病；㉔氰及腈类化合物中毒；㉕四乙基铅中毒；㉖有机锡中毒；㉗羰基镍中毒；㉘苯中毒；㉙甲苯中毒；㉚二甲苯中毒；㉛正己烷中毒；㉜汽油中毒；㉝一甲胺中毒；㉞有机氟聚合物单体及其热裂解物中毒；㉟二氯乙烷中毒；㊱四氯化碳中毒；㊲氯乙烯中毒；㊳三氯乙烯中毒；㊴氯丙烯中毒；㊵氯丁二烯中毒；㊶苯的氨基及硝基化合物（不包含三硝基甲苯）中毒；㊷三硝基甲苯中毒；㊸甲醇中毒；㊹酚中毒；㊺五氯酚（钠）中毒；㊻甲醛中毒；㊼硫酸二甲酯中毒；㊽丙烯酰胺中毒；㊾二甲基甲酰胺中毒；㊿有机磷农药中毒；51氨基甲酸酯类农药中毒；52杀虫脒中毒；53溴甲烷中毒；54拟除虫菊酯类农药中毒；55根据《职业性中毒性肝病诊断标准》可以诊断的职业性中毒性肝病；56根据《职业性急性化学物中毒诊断标准（总则）》可以诊断的其他职业性急性中毒。

（4）物理因素所致职业病

①中暑；②减压病；③高原病；④航空病；⑤手臂振动病。

（5）生物因素所致职业病

①炭疽；②森林脑炎；③布氏杆菌病。

（6）职业性皮肤病

①接触性皮炎；②光敏性皮炎；③电光性皮炎；④黑变病；⑤痤疮；⑥溃疡；⑦化学性皮肤灼伤；⑧根据《职业性皮肤病诊断标准（总则）》可以诊断的其他职业性皮肤病。

（7）职业性眼病

①化学性眼部灼伤；②电光性眼炎；③职业性白内障（含放射性白内障、三硝基甲苯白内障）。

（8）职业性耳鼻喉口腔疾病

①噪声聋；②铬鼻病；③牙酸蚀病。

（9）职业性肿瘤

①石棉所致肺癌、间皮瘤；②联苯胺所致膀胱癌；③苯所致白血病；④氯甲醚所致肺癌；⑤砷所致肺癌、皮肤癌；⑥氯乙烯所致肝血管肉瘤；⑦焦炉工人肺癌；⑧铬酸盐制造业工人肺癌。

（10）其他职业病

①金属烟热；②职业性哮喘；③职业性变态反应性肺泡炎；④棉尘病；⑤煤矿井下工人滑囊炎。

第三节　职业病的诊断与鉴定相关事项

一、有关职业病诊断机构的规定

据统计，全国目前共有各级各类职业病诊断机构及诊断组织 708 个，其中省级诊断机构和组织 86 个，设区的市级 620 个和 2 个县级尘肺诊断组。此外还有经国家认定具有诊断权的产业系统诊断组织 97 个。

随着改革开放和市场经济的发展，一些地方的职业病诊断工作由于掌握标准不统一，把关不严也出现了不少新问题。一是一些不具有法人资格的诊断组织从事职业病诊断工作，在出现诊断争议或法律纠纷时，推卸责任，劳动者的权益难以保障；二是误诊、漏诊、错诊情况时有发生。为了确保诊断质量，维护劳动者的合法权益，《职业病防治法》规定职业病诊断应当由省级以上人民政府卫生行政部门批准的医疗卫生机构承担，包括经省级以上人民政府卫生行政部门批准的具有开展职业病诊断资格的职业病防治机构、疾病预防控制机构和县级以上医疗机构等。其他一切未取得省级以上人民政府卫生行政部门批准的医疗卫生机构不得从事职业病诊断工作。

《职业病防治法》规定，劳动者可以在用人单位所在地或者本人居住地依法承担职业病诊断的医疗卫生机构进行职业病诊断。这是关于劳动者职业病诊断的选择权的规定。这条规定有以下三个方面的含义：一是劳动者可以在用人单位所在地进行职业病诊断；二是劳动者可以在本人居住地进行职业病诊断；三是用人单位所在地及劳动者本人居住地有多家取得职业病诊断资格的医疗卫生机构的，劳动者有权选择任何一家机构进行职业病诊断。

二、职业病诊断原则和程序的规定

职业病诊断与一般疾病的诊断有很大的区别，是一项技术性、政策性很强的工作，进行诊断时，劳动者本人或用人单位必须提供详细的职业接触史和现场劳动卫生学资料。

1. 职业病诊断原则

职业病诊断应当综合分析下列因素：一是病人的职业史。二是职业病危害接触史、现场调查与危害评价。职业病危害接触史应包括接触毒物的种类、浓度以及接触毒物的时间。现场调查与危害评价包括职业病防护设施运转状态及个人防护用品佩戴情况；同一作业场所其他作业工人是否受到伤害或有类似的表现；工作场所毒物检测与分析。

三是临床表现及实验室检查结果等。临床表现包括患者的症状与体征，根据其临床表现和患者的职业接触史及现场调查情况，有针对性地进行实验室检查并作出相应的分析，如职业病危害因素的危害作用与病人的临床表现是否相符；接触危害因素的浓度（强度）与疾病严重程度是否一致；接触危害因素的时间、方式与职业病发病规律是否相符；病人发病过程和（或）病情进展或出现的临床表现，与拟诊的职业病规律是否相符。这些因素是职业病诊断的基本要素，任何职业病诊断都不得排除上述因素。

基于职业危害因素种类的多样性、职业病的临床表现的复杂性，职业危害因素对每一个体所产生的损害和程度不尽相同，以及临床表现的差异等，进行职业病诊断，必须遵循以下原则：

（1）职业病诊断必须由取得省级以上人民政府卫生行政部门资质认定的医疗卫生机构依照确定的职业病诊断范围进行。如尘肺诊断、职业中毒诊断、职业性物理因素损伤疾病的诊断、职业性皮肤病的诊断、职业性耳鼻喉口腔疾病的诊断及职业性放射病的诊断等。承担职业病诊断的医疗卫生机构不得超出确定的诊断范围进行职业病诊断；

（2）为了有效保护劳动者的健康权益，承担职业病诊断的医疗卫生机构对相关因素进行综合分析后，没有证据否定职业病危害因素与病人临床表现之间的必然联系的，在排除其他疾病因素后，应当诊断为职业病。

2. 有关职业病诊断程序的要求

职业病诊断一般要经历四个阶段：

（1）劳动者或用人单位（简称“当事人”）提出诊断申请。申请时，当事人应当提供以下资料：①职业史、既往史书面材料；②职业健康监护档案复印件；③职业健康检查结果；④作业场所历年职业卫生监测资料；⑤接尘者应提交最近一次X线胸片和报告单；⑥诊断机构要求提供的其他有关材料。

（2）受理。对当事人所提供资料审核符合要求的，予以受理；不符合要求的应当通知当事人予以补充。

（3）现场调查取证。在职业病诊断过程中，除当事人提供的资料外，必要时，诊断机构要深入现场，针对诊断中的疑点进行取证。用人单位应当按照诊断机构的要求为申请职业病诊断的劳动者提供有关资料。

（4）诊断。参加诊断的职业卫生医师应当根据临床检查结果，对照受理或现场取证的所有资料，进行综合分析，按照职业病诊断标准，提出诊断意见。

为了保证职业病诊断机构作出的诊断科学、客观、公正，并便于明确诊断责任，《职业病防治法》对职业病诊断程序提出两项特别要求：一是关于集体诊断。实行集体诊断是职业病诊断的原则之一。根据规定，承担职业病诊断的医疗卫生机构在进行职业病诊断时要有三名或三名以上取得职业病诊断资格的执业医师共同诊断。二是集体签章。职业病诊断机构对劳动者作出职业病诊断，必须出具职业病诊断证明书。职业病诊断证明书是具有法律效力的文书。劳动者依据其诊断证明可依法享受相应待遇。同时，职业病诊断证明书必须由参与职业病诊断的医师共同署名，必须经承担职业病诊断的医疗卫生机构审核并加盖诊断机构公章，这一方面是确保诊断证明书的法律效力；另一方面是明确作出诊断的医疗卫生机构及诊断医师应承担的法律责任，这对于保证诊断质量，防止权力滥用是必要的。

3. 申请职业病诊断需要准备的材料

职工申请职业病诊断应提交申请书、本人健康损害证明、用人单位提供的职业史证明等。职业史证明的内容应从开始接触有害物质作业的时间算起，尽可能包括工种、工龄、接触生产性有害物质的种类、操作方式或操作特点、每日或每月的接触时间、是否连续接触有害物质、作业场所的环境条件、设备设施及其效果、历年作业场所有害物质浓度检测数据等。

职业病诊断、鉴定需要用人单位提供有关职业卫生和健康监护等资料时，用人单位应当及时、如实提供，职工和有关机构也应当提供与职业病诊断、鉴定有关的资料。职工不能提供职业史证明的，可提交劳动关系证明材料作为佐证。劳动关系证明应当以劳动合同、劳动关系仲裁或法院判决书以及用人单位自认的材料为依据。

对于用人单位未与职工签订劳动合同或劳动合同期满，已经与用人单位解除劳动合同的，职工申请职业病诊断时如果用人单位否认与职工的劳动关系，职工提供以下任何一种凭证并经过劳动部门认定，职业病诊断机构都可以作为职业病诊断的依据：

（1）能够证明劳动用工关系的资料，如工资支付凭证或记录（工资支付花名册）、交纳的各项社会保险费记录等；

（2）能够表明职工身份的资料，如用人单位向职工发放的“工作证”“身份证”等证件；

（3）能够证明用工招用关系的资料，如职工填写的用人单位招聘“登记表”“报名表”等招用记录；

（4）考勤记录以及3人以上其他职工的证言等。

三、关于职业病诊断争议鉴定的规定

1. 职业病诊断争议当事方及其权利

根据《职业病防治法》的规定，当事人对职业病诊断有异议的，可以向作出职业病诊断的医疗卫生机构所在地地方人民政府卫生行政部门申请鉴定。这里的当事人是指劳动者及其有关用人单位。接受当事人申请的部门是作出诊断的医疗卫生机构所在地地方人民政府卫生行政部门，包括县卫生局。这样规定，既给予当事人获得救治的机会，也便于当事人就近主张权利。卫生行政部门在收到当事人的申请报告后，应当依法及时组织鉴定。申请人应提供下列资料：

（1）鉴定申请书，包括对职业病诊断争议的书面陈述、申辩；

（2）职业病诊断病历记录，诊断证明书；

（3）鉴定委员会要求提供的其他材料。卫生行政部门应责成作出职业病诊断的医疗卫生机构按照鉴定委员会的要求，移交鉴定诊断所需的全部资料。

2. 职业病诊断争议的鉴定

对有异议的职业病诊断，根据当事人的要求，可进行两级鉴定，即设区的市级职业病诊断鉴定委员会鉴定和省级职业病诊断鉴定委员会鉴定。对设区的市级鉴定委员会所作出的鉴定结论有异议的，可以申请省级鉴定委员会再鉴定。由设区的市级以上人民政府卫生行政部门组织职业病诊断鉴定委员会进行鉴定，有利于集中相关专业的专家。

鉴定程序一般包括：

（1）审核申请鉴定当事人提供的与鉴定有关的资料并

受理。

（2）组织鉴定取证，必要时由第三方对患者进行体检或提取相关现场证据。当事人应当按照鉴定委员会的要求，予以配合。

（3）组成鉴定委员会进行鉴定，鉴定委员会应当认真审阅鉴定资料，在事实清楚、证据确凿的基础上，通过综合分析，对诊断争议作出鉴定结论。鉴定意见不一致时，应当予以注明。

（4）出具鉴定书，内容应当包括：被鉴定人的职业接触史；作业场所监测数据和有关检查资料等一般情况；当事人对职业病诊断的主要争议以及鉴定结论和鉴定时间。鉴定书必须由所有参加鉴定的成员共同签署，并加盖鉴定委员会公章。

应当强调指出，职业病诊断鉴定委员会的鉴定属于技术鉴定，当事人对鉴定结论有异议的，可以选择向人民法院起诉。

3. 关于用人单位提供资料的规定

在职业病诊断、鉴定中，需要用人单位提供有关职业卫生和健康监护等资料，对此，《职业病防治》第四十八条专门做了规定：职业病诊断、鉴定需要用人单位提供有关职业卫生和健康监护等资料时，用人单位应当如实提供，劳动者和有关机构也应当提供与职业病诊断、鉴定有关的资料。

职业健康监护档案是职业病诊断鉴定的重要依据之一，也是区分健康损害责任和进行职业病诊断鉴定的重要证据，因此，规范职业健康监护档案的内容、保存期限、保存责任人意义十分重大。

（1）用人单位应当为劳动者建立职业健康监护档案，并按照规定的期限妥善保存。这是对用人单位保存职业健康监护档案的义务的规定，用人单位应当按照国务院卫生行政部门制定颁布的《职业健康监护管理办法》规定的期限保存职业健康监护档案。

（2）职业健康监护档案应当包括劳动者的职业史、职业病危害接触史、职业健康检查结果和职业病诊疗等有关个人健康资料。这是对职业健康监护档案内容的规定。职业史是指劳动者工作经历，记录劳动者既往工作过的用人单位的起始时间和用人单位名称和从事工种、岗位；职业病危害接触史是指劳动者从事职业病危害作业的工种、岗位及其变动情况、接触工龄、接触职业病危害因素种类、强度或浓度等。

（3）劳动者离开用人单位时，有权索取本人职业健康监护档案复印件，用人单位应当如实、无偿提供，并在所提供的复印件上签章。这是对用人单位提供职业健康监护档案的义务的规定。用人单位为劳动者提供职业健康监护档案复印件时，不得刁难，不得弄虚作假，不得向劳动者收取任何费用（包括成本费）等。这就为劳动者进行健康损害鉴定、追究健康损害责任提供了证据保证。

4. 发生职业病诊断争议后职工的维权途径

根据《中华人民共和国劳动法》（以下简称《劳动法》）和《中华人民共和国企业劳动争议处理条例》（以下简称《企业劳动争议处理条例》）的规定，职工与用人单位因职业卫生和劳动保护发生争议后，可以与本单位协商，也可以向本单位劳动争议调解委员会申请调解。调解不成的，可以向劳动争议仲裁委员会申请仲裁。职工也可以在劳动争议发生后直接向劳动争议仲裁委员会申请仲裁。劳动争议仲裁委员会不予受理或者当事人对仲裁裁决不服的，还可以向人民法院提起诉讼。

职工的职业健康合法权益受到侵害时，还可以拨打“职工维权热线”——“12351”，向各级工会组织反映。职工维权热线已经在全国总工会和省（自治区、直辖市）总工会、地（市）总工会开通运行。职工向当地工会反映情况，可直接拨打本地区职工维权热线电话“12351”；拨打本地区以外的职工维权热线电话在“12351”号码前加拨所要地区的长途区号。

☆事故案例：

事故案例之一：王成章职业病事件始末

王成章，男，1963 年 11 月 10 日出生，四川省仁寿县汪洋镇得胜村村民。自 1989 年至 2009 年 8 月，王成章一直在威远县金鑫能源有限公司从事井下采煤作业，并与该公司签订了劳动用工合同。

2009 年 6 月 20 日，威远县金鑫能源有限公司按县政府的要求，安排公司员工到威远县现代医院进行职业健康检查。王成章的检查结果为“无异常”，公司按相关法律要求为他办理了工伤社会保险。2009 年 8 月 23 日，王成章向公司反映身体不舒服，公司于 8 月 26 日安排他到威远县疾控中心进行第二次职业健康检查，检查结果仍为“无异常”。王成章不认可检查结果，9 月 30 日，他来到四川大学华西第四人民医院检查。医生诊断，他的“双肺纹理增多，双肺野散在多发 P、S 影；气管居中，心影不大，双膈形态正常，肋膈角锐利”。医生给出建议：患者结合病史，考虑为尘肺病可能性大，请做尘肺病诊断。10月29日，在四川省疾控中心，王成章被诊断为“Ⅰ期煤工尘肺”。

被诊断患有尘肺病后，王成章曾3次找企业，但是问题都没有得到解决。公司负责人认为，由于两个医疗机构检查的结果不一样，公司难以处理，所以，在检查结果未统一之前拒绝赔付。

王成章不服，先后到威远县劳动和社会保障部门、内江市劳动和社会保障部门、威远县两河镇政府诉求，这些部门也因不同的检查单位有不同的检查结果加之职业病鉴定程序很多，感到难以处理。王成章难耐激愤，到四川省安监局上访并在天府广场向过路群众展示他拍的胸片和省疾控中心的诊断书，声称要“开胸验肺”。

2009年11月16日，四川在线及《华西都市报》报道王成章事件后，威远县委、县政府高度重视，县委、县政府主要领导分别作出指示和批示，要求有关部门迅速查清问题、妥善处置，并成立了王成章职业病事件联合调查组。11月17日下午，威远县安监局会同县劳动和社会保障部门、内江市总工会现场办公，协商解决王成章职业病维权问题。威远县工会、两河镇政府以及金鑫能源有限公司的代表参与了现场办公。

现场办公会上，威远县劳动和社会保障部门现场给王成章下发了工伤认定书，并要求他在3天内，将工伤认定申请和相关材料交至内江市劳动和社会保障部门。工伤鉴定结果出来后，将会按照国家规定的工伤标准和赔付标准，责成相关责任人对其进行赔付。

金鑫能源有限公司的代表也在现场承诺，在王成章的工伤鉴定报告出来后，将按照国家相关规定和程序，对王成章进行赔付。至此，王成章职业病事件得到妥善解决。

事故案例之二：张海超“开胸验肺”事件始末

28 岁的张海超，因怀疑自己得了“尘肺病”，长年奔波于郑州、北京多家医院反复求证，而职业病法定诊断机构——郑州市职业病防治所给出的专业诊断结果，引起他的强烈质疑。在多方求助无门后，张海超被迫作出了“开胸验肺”之举。

1. 患病的原因

张海超先后在郑州振东耐磨材料有限公司、郑州中岳塑化技术有限公司务工。2007 年 8 月，他感觉身体不适，还有咳嗽、胸闷症状，随后一直当做感冒治疗。后来，张海超来到郑州市第六人民医院拍胸片检查，显示双肺有阴影，但不能确诊病情。意识到病情严重的张海超此后到河南省人民医院、郑州大学第一附属医院、河南胸科医院等大医院就诊，几家医院均告诉他患上了“尘肺”，并建议到职业病医院进一步诊治。

张海超在被医院诊断为“尘肺病”后，他怀疑是在振东耐磨公司打工期间得的这个病。因为他“从 2004 年 8 月到 2007 年 10 月”在那里打工，“车间里有很多粉尘。”据了解，振东耐磨公司以生产耐火砖为主。张海超在该公司打工期间，历经杂工、破碎、压力机三个工种，他说这三个工种都会接触到粉尘。

为了确诊，2009 年 1 月，张海超到了北京，先后在北京多家医院就诊，得出的结论也为“尘肺病”。但由于张海超就诊的各大医院都不是法定的职业病诊断机构，这些医院在出具的诊断结论中只能用“疑似尘肺”和“不排除尘肺”等表述。

2. 患病之后的鉴定

根据《职业病防治法》的有关规定，职业病的诊断要由当地依法承担职业病诊断的医疗机构进行，职业病检查需要用人单位出具职业史证明书、职业健康监护档案、职业健康检查结果、工作场所历年职业病危害因素检测评价资料等多种证明。

张海超最初去申请职业病诊断时，他曾经工作过的振东耐磨公司却不愿出具有关证明手续，理由：一是张海超并没有长期在企业里工作，而是时断时续；二是他离开振东耐磨公司后，又到中岳塑化公司上过班。在历经多次上访甚至与振东耐磨公司发生冲突后，在新密市领导的协调下，振东耐磨公司才不得已提供了证明，张海超终于在2009年5月12日去郑州市职业病防治所进行诊断。5月25日，郑州市职业病防治所对其诊断为：“无尘肺0+期（医学观察）合并肺结核”。张海超把多家医院的诊断结果拿给郑州职业病防治所的医生看，但没有得到认同。无奈之下，张海超再次来到郑州大学第一附属医院，要求做手术开胸检查。主治大夫告诉他，从胸片上就能判断是尘肺，再动手术没有必要，也很危险。在张海超的强烈要求下，医院最终为他做了手术。术后的肺检结果为：“肺组织内大量组织细胞聚集伴炭末沉积并多灶性纤维化”。

2009年7月1日，张海超因为支付不了医疗费不得不出院，郑州大学第一附属医院开具的出院记录上写着“尘肺合并感染”的诊断。

3. 最后的解决

对于郑州大学第一附属医院给予的诊断证明，振东耐磨公司负责人明确表示，综合医院不具备职业病鉴定资质，单位只承认有资质的医疗机构的鉴定结果。这位负责人说，即便职防所诊断出张海超是尘肺，企业也不会直接赔偿张海超，因为张海超在2007年10月离职，离职后去了中岳塑化公司。而张海超诊治尘肺的时间集中在离职之后，如果牵扯到赔偿，应由中岳塑化公司向振东耐磨公司索赔，因为“张海超早已经不是我们的职工”。

2009年7月，张海超的“开胸验肺”事件成为新闻舆论的焦点，它引发了人们对国内职业病防治问题的深入思考，引起了政府有关部门的重视，张海超的问题也得到了解决和相应赔偿。

讨论题：

1. 申请职业病诊断时应当提供哪些材料？
2. 职业病是指什么疾病？
3. 职业病有哪些特点？
4. 职业病分为哪几个类别？
5. 发生职业病诊断争议后，职工的维权途径有哪些？

第二章　职业病防治的有关规定与方法

职业病防治是指预防、治理和治疗。预防是指控制和消除职业病危害，为劳动者创造良好的工作环境和劳动条件，保障劳动者获得职业卫生保护，防止职业病的发生。治疗则是对职业病危害、职业病患者进行积极治理，保障职业病患者的诊断、医治和康复，包括职业健康、职业能力在内的职业素质尽可能的恢复。

与职业病预防相关的法律法规有《职业病防治法》《中华人民共和国安全生产法》（以下简称《安全生产法》）、《使用有毒物品作业场所劳动保护条例》《中华人民共和国尘肺病防治条例》（以下简称《尘肺病防治条例》）、《放射性同位素与射线装置安全和防护条例》等，此外，国家安全生产监督管理总局于2009年6月15日发布了《作业场所职业健康监督管理暂行规定》以及相关规范、标准等。

第一节　职业病防治的有关规定

一、《职业病防治法》有关职业病预防的规定

《职业病防治法》重点突出了预防，在第一章总则、第

二章前期预防、第三章劳动过程中的防护与管理、第六章法律责任，都明确规定了用人单位在职业病防治中的责任与义务。有关内容如下：

◆职业病防治工作坚持预防为主、防治结合的方针，实行分类管理、综合治理。

◆劳动者依法享有职业卫生保护的权利。

用人单位应当为劳动者创造符合国家职业卫生标准和卫生要求的工作环境和条件，并采取措施保障劳动者获得职业卫生保护。

◆用人单位应当建立、健全职业病防治责任制，加强对职业病防治的管理，提高职业病防治水平，对本单位产生的职业病危害承担责任。

◆国家鼓励研制、开发、推广、应用有利于职业病防治和保护劳动者健康的新技术、新工艺、新材料，加强对职业病的机理和发生规律的基础研究，提高职业病防治科学技术水平；积极采用有效的职业病防治技术、工艺、材料；限制使用或者淘汰职业病危害严重的技术、工艺、材料。

◆产生职业病危害的用人单位的设立除应当符合法律、行政法规规定的设立条件外，其工作场所还应当符合下列职业卫生要求：

（1）职业病危害因素的强度或者浓度符合国家职业卫生标准；

（2）有与职业病危害防护相适应的设施；

（3）生产布局合理，符合有害与无害作业分开的原则；

（4）有配套的更衣间、洗浴间、孕妇休息间等卫生设施；

（5）设备、工具、用具等设施符合保护劳动者生理、心理健康的要求；

（6）法律、行政法规和国务院卫生行政部门关于保护劳动者健康的其他要求。

◆在卫生行政部门中建立职业病危害项目的申报制度。

用人单位设有依法公布的职业病目录所列职业病的危害项目的，应当及时、如实向卫生行政部门申报，接受监督。

职业病危害项目申报的具体办法由国务院卫生行政部门制定。

◆新建、扩建、改建建设项目和技术改造、技术引进项目（以下统称建设项目）可能产生职业病危害的，建设单位在可行性论证阶段应当向卫生行政部门提交职业病危害预评价报告。卫生行政部门应当自收到职业病危害预评价报告之日起三十日内，作出审核决定并书面通知建设单位。未提交预评价报告或者预评价报告未经卫生行政部门审核同意的，有关部门不得批准该建设项目。

职业病危害预评价报告应当对建设项目可能产生的职业病危害因素及其对工作场所和劳动者健康的影响作出评价，确定危害类别和职业病防护措施。

◆建设项目的职业病防护设施所需费用应当纳入建设项目工程预算，并与主体工程同时设计，同时施工，同时投入生产和使用。

职业病危害严重的建设项目的防护设施设计，应当经卫生行政部门进行卫生审查，符合国家职业卫生标准和卫生要求的，方可施工。

建设项目在竣工验收前，建设单位应当进行职业病危害控制效果评价。建设项目竣工验收时，其职业病防护设施经卫生行政部门验收合格后，方可投入正式生产和使用。

◆职业病危害预评价、职业病危害控制效果评价由依法设立的取得省级以上人民政府卫生行政部门资质认证的职业卫生技术服务机构进行。职业卫生技术服务机构所作评价应当客观、真实。

◆用人单位应当采取下列职业病防治管理措施：

（1）设置或者指定职业卫生管理机构或者组织，配备专职或者兼职的职业卫生专业人员，负责本单位的职业病防治工作；

（2）制订职业病防治计划和实施方案；

（3）建立、健全职业卫生管理制度和操作规程；

（4）建立、健全职业卫生档案和劳动者健康监护档案；

（5）建立、健全工作场所职业病危害因素监测及评价制度；

（6）建立、健全职业病危害事故应急救援预案。

◆用人单位必须采用有效的职业病防护设施，并为劳动者提供个人使用的职业病防护用品。

用人单位为劳动者个人提供的职业病防护用品必须符合防治职业病的要求；不符合要求的，不得使用。

◆用人单位应当优先采用有利于防治职业病和保护劳动者健康的新技术、新工艺、新材料，逐步替代职业病危害严重的技术、工艺、材料。

◆产生职业病危害的用人单位，应当在醒目位置设置公告栏，公布有关职业病防治的规章制度、操作规程、职业病危害事故应急救援措施和工作场所职业病危害因素检测结果。

对产生严重职业病危害的作业岗位，应当在其醒目位置，设置警示标志和中文警示说明。警示说明应当载明产生职业病危害的种类、后果、预防以及应急救治措施等内容。

◆对可能发生急性职业损伤的有毒、有害工作场所，用人单位应当设置报警装置，配置现场急救用品、冲洗设备、应急撤离通道和必要的泄险区。

对放射工作场所和放射性同位素的运输、储存，用人单位必须配置防护设备和报警装置，保证接触放射线的工作人员佩戴个人剂量计。

对职业病防护设备、应急救援设施和个人使用的职业病防护用品，用人单位应当进行经常性的维护、检修，定期检测其性能和效果，确保其处于正常状态，不得擅自拆除或者停止使用。

◆用人单位应当实施由专人负责的职业病危害因素日常监测，并确保监测系统处于正常运行状态。

用人单位应当按照国务院卫生行政部门的规定，定期对工作场所进行职业病危害因素检测、评价。检测、评价结果存入用人单位职业卫生档案，定期向所在地卫生行政部门报告并向劳动者公布。

发现工作场所职业病危害因素不符合国家职业卫生标准和卫生要求时，用人单位应当立即采取相应治理措施，仍然达不到国家职业卫生标准和卫生要求的，必须停止存在职业病危害因素的作业；职业病危害因素经治理后，符合国家职业卫生标准和卫生要求的，方可重新作业。

◆向用人单位提供可能产生职业病危害的设备的，应当提供中文说明书，并在设备的醒目位置设置警示标志和中文警示说明。警示说明应当载明设备性能、可能产生的职业病危害、安全操作和维护注意事项、职业病防护以及应急救治措施等内容。

◆向用人单位提供可能产生职业病危害的化学品、放射性同位素和含有放射性物质的材料的，应当提供中文说明书。说明书应当载明产品特性、主要成分、存在的有害因素、可能产生的危害后果、安全使用注意事项、职业病防护以及应急救治措施等内容。产品包装应当有醒目的警示标志和中文警示说明。储存上述材料的场所应当在规定的部位设置危险物品标志或者放射性警示标志。

◆任何单位和个人不得生产、经营、进口和使用国家明令禁止使用的可能产生职业病危害的设备或者材料。

◆任何单位和个人不得将产生职业病危害的作业转移给不具备职业病防护条件的单位和个人。不具备职业病防护条件的单位和个人不得接受产生职业病危害的作业。

◆用人单位对采用的技术、工艺、材料，应当知悉其产生的职业病危害，对有职业病危害的技术、工艺、材料隐瞒其危害而采用的，对所造成的职业病危害后果承担责任。

◆用人单位与劳动者订立劳动合同（含聘用合同，下同）时，应当将工作过程中可能产生的职业病危害及其后果、职业病防护措施和待遇等如实告知劳动者，并在劳动合同中写明，不得隐瞒或者欺骗。

劳动者在已订立劳动合同期间因工作岗位或者工作内容变更，从事与所订立劳动合同中未告知的存在职业病危害的作业时，用人单位应当依照前款规定，向劳动者履行如实告知的义务，并协商变更原劳动合同相关条款。

用人单位违反前两款规定的，劳动者有权拒绝从事存在职业病危害的作业，用人单位不得因此解除或者终止与劳动者所订立的劳动合同。

◆用人单位的负责人应当接受职业卫生培训，遵守职业病防治法律、法规，依法组织本单位的职业病防治工作。

用人单位应当对劳动者进行上岗前的职业卫生培训和在岗期间的定期职业卫生培训，普及职业卫生知识，督促劳动者遵守职业病防治法律、法规、规章和操作规程，指导劳动者正确使用职业病防护设备和个人使用的职业病防护用品。

劳动者应当学习和掌握相关的职业卫生知识，遵守职业病防治法律、法规、规章和操作规程，正确使用、维护职业病防护设备和个人使用的职业病防护用品，发现职业病危害事故隐患应当及时报告。

劳动者不履行前款规定义务的，用人单位应当对其进行教育。

◆对从事接触职业病危害的作业的劳动者，用人单位应当按照国务院卫生行政部门的规定组织上岗前、在岗期间和离岗时的职业健康检查，并将检查结果如实告知劳动者。职业健康检查费用由用人单位承担。

用人单位不得安排未经上岗前职业健康检查的劳动者从事接触职业病危害的作业；不得安排有职业禁忌的劳动者从事其所禁忌的作业；对在职业健康检查中发现有与所从事的职业相关的健康损害的劳动者，应当调离原工作岗位，并妥善安置；对未进行离岗前职业健康检查的劳动者不得解除或者终止与其订立的劳动合同。

职业健康检查应当由省级以上人民政府卫生行政部门

批准的医疗卫生机构承担。

◆用人单位应当为劳动者建立职业健康监护档案，并按照规定的期限妥善保存。

职业健康监护档案应当包括劳动者的职业史、职业病危害接触史、职业健康检查结果和职业病诊疗等有关个人健康资料。

劳动者离开用人单位时，有权索取本人职业健康监护档案复印件，用人单位应当如实、无偿提供，并在所提供的复印件上签章。

◆发生或者可能发生急性职业病危害事故时，用人单位应当立即采取应急救援和控制措施，并及时报告所在地卫生行政部门和有关部门。卫生行政部门接到报告后，应当及时会同有关部门组织调查处理；必要时，可以采取临时控制措施。

对遭受或者可能遭受急性职业病危害的劳动者，用人单位应当及时组织救治、进行健康检查和医学观察，所需费用由用人单位承担。

◆用人单位不得安排未成年工从事接触职业病危害的作业；不得安排孕期、哺乳期的女职工从事对本人和胎儿、婴儿有危害的作业。

◆劳动者享有下列职业卫生保护权利：

（1）获得职业卫生教育、培训；

（2）获得职业健康检查、职业病诊疗、康复等职业病防治服务；

（3）了解工作场所产生或者可能产生的职业病危害因素、危害后果和应当采取的职业病防护措施；

（4）要求用人单位提供符合防治职业病要求的职业病

防护设施和个人使用的职业病防护用品，改善工作条件；

（5）对违反职业病防治法律、法规以及危及生命健康的行为提出批评、检举和控告；

（6）拒绝违章指挥和强令进行没有职业病防护措施的作业；

（7）参与用人单位职业卫生工作的民主管理，对职业病防治工作提出意见和建议。

用人单位应当保障劳动者行使前款所列权利。因劳动者依法行使正当权利而降低其工资、福利等待遇或者解除、终止与其订立的劳动合同的，其行为无效。

二、《作业场所职业健康监督管理暂行规定》有关职业病预防的规定

2008 年，国务院批准在国家安全生产监督管理总局设立职业安全健康监督管理司，承担职业安全健康监督管理职责。2009 年 7 月 1 日，国家安监总局发布《作业场所职业健康监督管理暂行规定》（国家安全生产监督管理总局令第 23 号，自 2009 年 9 月 1 日起施行）。该规定分为五章五十六条，各章内容为：第一章总则；第二章生产经营单位的职责；第三章监督管理；第四章罚则；第五章附则。

该规定有关职业病预防的内容如下：

◆生产经营单位应当加强作业场所的职业危害防治工作，为从业人员提供符合法律、法规、规章和国家标准、行业标准的工作环境和条件，采取有效措施，保障从业人员的职业健康。

◆生产经营单位是职业危害防治的责任主体。

生产经营单位的主要负责人对本单位作业场所的职业

危害防治工作全面负责。

◆存在职业危害的生产经营单位应当设置或者指定职业健康管理机构，配备专职或者兼职的职业健康管理人员，负责本单位的职业危害防治工作。

◆生产经营单位应当对从业人员进行上岗前的职业健康培训和在岗期间的定期职业健康培训，普及职业健康知识，督促从业人员遵守职业危害防治的法律、法规、规章、国家标准、行业标准和操作规程。

◆存在职业危害的生产经营单位应当建立、健全下列职业危害防治制度和操作规程：

（1）职业危害防治责任制度；

（2）职业危害告知制度；

（3）职业危害申报制度；

（4）职业健康宣传教育培训制度；

（5）职业危害防护设施维护检修制度；

（6）从业人员防护用品管理制度；

（7）职业危害日常监测管理制度；

（8）从业人员职业健康监护档案管理制度；

（9）岗位职业健康操作规程；

（10）法律、法规、规章规定的其他职业危害防治制度。

◆存在职业危害的生产经营单位的作业场所应当符合下列要求：

（1）生产布局合理，有害作业与无害作业分开；

（2）作业场所与生活场所分开，作业场所不得住人；

（3）有与职业危害防治工作相适应的有效防护设施；

（4）职业危害因素的强度或者浓度符合国家标准、行业标准；

（5）法律、法规、规章和国家标准、行业标准的其他规定。

◆存在职业危害的生产经营单位，应当按照有关规定及时、如实将本单位的职业危害因素向安全生产监督管理部门申报，并接受安全生产监督管理部门的监督检查。

◆新建、改建、扩建的工程建设项目和技术改造、技术引进项目（以下统称建设项目）可能产生职业危害的，建设单位应当按照有关规定，在可行性论证阶段委托具有相应资质的职业健康技术服务机构进行预评价。职业危害预评价报告应当报送建设项目所在地安全生产监督管理部门备案。

◆产生职业危害的建设项目应当在初步设计阶段编制职业危害防治专篇。职业危害防治专篇应当报送建设项目所在地安全生产监督管理部门备案。

◆建设项目的职业危害防护设施应当与主体工程同时设计、同时施工、同时投入生产和使用（以下简称“三同时”）。职业危害防护设施所需费用应当纳入建设项目工程预算。

◆存在职业危害的生产经营单位，应当在醒目位置设置公告栏，公布有关职业危害防治的规章制度、操作规程和作业场所职业危害因素监测结果。

对产生严重职业危害的作业岗位，应当在醒目位置设置警示标志和中文警示说明。警示说明应当载明产生职业危害的种类、后果、预防和应急处置措施等内容。

◆生产经营单位必须为从业人员提供符合国家标准、行业标准的职业危害防护用品，并督促、教育、指导从业人员按照使用规则正确佩戴、使用，不得发放钱物替代发放职业危害防护用品。

生产经营单位应当对职业危害防护用品进行经常性的维护、保养，确保防护用品有效。不得使用不符合国家标准、行业标准或者已经失效的职业危害防护用品。

◆生产经营单位对职业危害防护设施应当进行经常性的维护、检修和保养，定期检测其性能和效果，确保其处于正常状态。不得擅自拆除或者停止使用职业危害防护设施。

◆存在职业危害的生产经营单位应当设有专人负责作业场所职业危害因素日常监测，保证监测系统处于正常工作状态。监测的结果应当及时向从业人员公布。

◆存在职业危害的生产经营单位应当委托具有相应资质的中介技术服务机构，每年至少进行一次职业危害因素检测，每三年至少进行一次职业危害现状评价。定期检测、评价结果应当存入本单位的职业危害防治档案，向从业人员公布，并向所在地安全生产监督管理部门报告。

◆生产经营单位在日常的职业危害监测或者定期检测、评价过程中，发现作业场所职业危害因素的强度或者浓度不符合国家标准、行业标准的，应当立即采取措施进行整改和治理，确保其符合职业健康环境和条件的要求。

◆向生产经营单位提供可能产生职业危害的设备的，应当提供中文说明书，并在设备的醒目位置设置警示标志和中文警示说明。警示说明应当载明设备性能、可能产生的职业危害、安全操作和维护注意事项、职业危害防护措施等内容。

◆向生产经营单位提供可能产生职业危害的化学品等

材料的，应当提供中文说明书。说明书应当载明产品特性、主要成分、存在的有害因素、可能产生的危害后果、安全使用注意事项、职业危害防护和应急处置措施等内容。产品包装应当有醒目的警示标志和中文警示说明。储存场所应当设置危险物品标志。

◆任何生产经营单位不得使用国家明令禁止使用的可能产生职业危害的设备或者材料。

◆任何单位和个人不得将产生职业危害的作业转移给不具备职业危害防护条件的单位和个人。不具备职业危害防护条件的单位和个人不得接受产生职业危害的作业。

◆生产经营单位应当优先采用有利于防治职业危害和保护从业人员健康的新技术、新工艺、新材料、新设备，逐步替代产生职业危害的技术、工艺、材料、设备。

◆生产经营单位对采用的技术、工艺、材料、设备，应当知悉其可能产生的职业危害，并采取相应的防护措施。对可能产生职业危害的技术、工艺、材料、设备故意隐瞒其危害而采用的，生产经营单位主要负责人对其所造成的职业危害后果承担责任。

◆生产经营单位与从业人员订立劳动合同（含聘用合同，下同）时，应当将工作过程中可能产生的职业危害及其后果、职业危害防护措施和待遇等如实告知从业人员，并在劳动合同中写明，不得隐瞒或者欺骗。生产经营单位应当依法为从业人员办理工伤保险，缴纳保险费。

从业人员在履行劳动合同期间因工作岗位或者工作内容变更，从事与所订立劳动合同中未告知的存在职业危害的作业的，生产经营单位应当依照前款规定，向从业人员履行如实告知的义务，并协商变更原劳动合同相关条款。

生产经营单位违反本条规定的，从业人员有权拒绝作业。生产经营单位不得因从业人员拒绝作业而解除或者终止与从业人员所订立的劳动合同。

第二节　职业病预防的主要方法

一、职业危害与职业危害因素

职业危害是指对从事职业活动的劳动者可能导致职业病的各种危害。职业危害因素包括：职业活动中存在的各种有害的化学、物理、生物因素，以及在作业过程中产生的其他职业性有害因素。

预防职业病，就是在整个职业病防治过程中，把预防措施作为根本措施和首要环节放在先导地位，控制职业病危害源头，并在一切职业活动中尽可能控制和消除职业病危害因素的产生，使工作场所职业卫生防护符合国家职业卫生标准和卫生要求。

目前世界上对某些职业病还没有有效的根治手段，例如矽肺病、尘肺病等，劳动者一旦罹患上这些职业病，通常是不可逆转的。所以，防治职业病关键在预防，控制职业病必须从源头抓起，这个源头就是职业危害因素。不良劳动条件存在各种职业危害因素，按其来源可分为三类。

1. 生产过程中产生的有害因素

化学因素：有毒物质，如铅、汞、苯、砷、锰、镉、铊、氯、一氧化碳、有机磷农药等；生产性粉尘，无机性粉尘如矽尘、石棉尘、煤尘等，有机性粉尘如棉花、亚麻、烟草、茶叶等，以及混合性粉尘、放射性粉尘。

物理因素：不良气象条件，如高温、高湿、低温、高气压、低气压等；噪声、振动；高频电磁场、微波、红外线、紫外线、激光、X射线、γ射线等。

生物因素：如附着在皮毛上的炭疽杆菌、蔗渣上的霉菌，以及布氏杆菌、森林脑炎病毒等。

2. 劳动过程中的有害因素

劳动组织和劳动制度不合理：如劳动时间过长，休息制度不合理、不健全等。

劳动中的精神（心理）过度紧张，劳动强度过大或劳动安排不当：如安排的作业与劳动者生理状况不相适应，生产定额过高、超负荷加班加点等。

个别器官或系统过度紧张：如长时间疲劳用眼引起的视力疲劳等；长时间处于某种不良体位或使用不合理的工具等。

3. 生产环境中的有害因素

生产场所设计不符合卫生标准或要求：如厂房低矮、狭窄，布局不合理，有毒和无毒的工段安排在一起等；缺乏必要的卫生技术设施，如没有通风换气、照明、防尘防毒、防噪声振动设备，或效果不好；职业危害防护设施和个人防护用品不全。在实际的生产场所中职业病危害因素往往不是单一存在，而是多种因素同时对劳动者的健康产生作用，此时危害更大。

通常来讲，许多职业病病因明确，病因即职业危害因素，在控制病因或作用条件后，可以消除或减少发病。因此，根据职业病危害因素和职业病的特点，控制职业病必须从源头抓起，坚持预防为主。

二、职业卫生工作的三级预防原则

1. 三级预防原则

预防职业病危害，即职业卫生工作的首要职责和任务是：识别、评价和控制生产中的不良劳动条件，保护劳动者的健康。职业卫生工作应遵循三级预防原则。

（1）一级预防。即从根本上使劳动者不接触职业病危害因素，如改变工艺，改进生产过程，确定容许接触量或接触水平，使生产过程达到安全标准，对人群中的易感者根据职业禁忌证避免有关人员进入职业禁忌岗位。

（2）二级预防。在一级预防达不到要求，职业病危害因素已开始损伤劳动者的健康时，应及时发现，采取补救措施，主要工作为进行职业危害及健康的早期检测与及时处理，防止其进一步发展。

（3）三级预防。即对已患职业病者，作出正确诊断，及时处理，包括及时脱离接触危害因素和进行治疗，防止进一步恶化和并发症，使其恢复健康。

2. 三级预防的主要工作内容

根据上述三级预防原则，职业卫生工作应包括下列工作内容：

（1）通过职业卫生调查，掌握职业病危害因素产生的原因、条件及其影响的程度，分析其对生产环境的污染和对健康危害的程度，建立记录档案，为全面进行调查和经常性的职业卫生监督提供资料，提出改善职业卫生条件的劳动保护措施和要求。

（2）对接触职业病危害因素的劳动者进行定期体检，掌握作业工人健康情况，做好职业病管理工作，建立健全职业病报告和登记制度，及时掌握职业病的发病情况，采取有效的预防措施。对职业病患者及时予以抢救、治疗和处理。需要时，对其进行劳动能力鉴定。

(3) 根据有关职业卫生与职业病防治的法规标准，对工业企业进行经常性和预防性的卫生监督。预防性的卫生监督包括对企业新建、扩建和改建设备设施的工业企业的设计进行卫生检查，对新工艺进行卫生学评价，对新化学物质进行卫生毒理学鉴定等，判断是否可以施工、投产或使用，以及确定必须采取哪些预防措施。经常性的职业卫生监督包括对劳动条件的卫生调查、生产环境的监测和对劳动者的健康监护。

(4) 宣传普及职业卫生与职业病防治的基本常识，提高广大职工的劳动保护意识，动员各有关方面的力量密切配合，做好控制职业病危害因素的工作。

(5) 结合企业的特点、常见职业病危害和存在的劳动保护问题，进行调查研究，分析总结，为制定有关的法规、职业卫生标准和预防措施等提供科学依据。

实践证明，职业病是完全可以预防的，从控制职业病危害因素的源头抓预防，预防工作重心前移，才能最有效地改善劳动条件，净化生产环境，保障劳动者的健康与安全。

三、创造符合国家职业卫生标准要求的劳动条件

《职业病防治法》第四条规定："用人单位应当为劳动者创造符合国家职业卫生标准和卫生要求的工作环境和条件，并采取措施保障劳动者获得职业卫生保护。"而某些用人单位一味追求本企业眼前经济利益，以牺牲劳动者的生

命与健康为代价来换取本企业的短暂经济发展，这是违反《职业病防治法》的。

由于某些职业病一旦发生很难治愈，所以用人单位必须坚持预防为主、防治结合的方针，认真按照职业病前期预防、劳动过程中的防护与管理、职业病发生后的诊断治疗与职业病病人的保障三个阶段，根据《职业病防治法》的有关规定，逐一予以落实。

1. 用人单位应认真贯彻执行国家职业卫生标准

卫生部发布的《国家职业卫生标准管理办法》（简称《办法》），自 2002 年 5 月 1 日起施行。该《办法》适用于国家职业卫生标准的立项、起草、审查、公布、复审和解释，并规定，对下列需要在全国范围内统一的技术要求，须制定国家职业卫生标准：①职业卫生专业基础标准；②工作场所作业条件卫生标准；③工业毒物、生产性粉尘、物理因素职业接触限值；④职业病诊断标准；⑤职业照射放射防护标准；⑥职业防护用品卫生标准；⑦职业危害防护导则；⑧劳动生理卫生、工效学标准；⑨职业性危害因素检测、检验方法。

用人单位必须严格执行国家职业卫生标准，其工作场所职业病危害因素的强度或浓度，应符合国家职业卫生标准的要求。企业不能走“先危害、后治理”的发展道路，更不能将产生职业病危害因素的作业转移到经济不发达地区、乡镇企业等不具备职业病防护条件的单位或个人。用人单位发现工作场所职业病危害因素不符合国家职业卫生标准要求时，必须立即停止作业，只有将职业病危害因素治理达到国家职业卫生标准要求后，才可以重新作业。

2. 用人单位应大力改善职工的劳动条件

大力改善工作场所职工的劳动条件，是控制职业病危害的最佳途径。

（1）应执行前面所述的新建、扩建、改建建设项目和技术改造、技术引进项目的工业企业，必须依法遵守职业卫生“三同时”原则。即卫生防护设施与主体工程同时设计、同时施工、同时投入使用；有效地开展预防性职业卫生监督与职业卫生预评价，以及职业卫生项目竣工验收评价；必须按照《工业企业设计卫生标准》（GBZ 1—2010）的规定，除选址、总平面布局必须符合相关职业卫生规范及标准外，还应根除在设计与建设中的职业病危害隐患。

（2）用人单位应提醒、告知有严重职业病危害因素的作业岗位的职工，并在作业岗位处的醒目位置，设置标明产生职业病危害的种类、后果、预防及应急救治措施等内容的警示标志。对可能产生急性职业中毒等职业病危害的场所，应有报警装置，并配有现场急救用品、冲洗设备等；作业人员应佩戴个人防护用品，对接触放射线的工作人员，除应佩戴个人防护用具、个人计量计外，工作场所还应配置防护设备和报警装置。

（3）用人单位应对工作场所进行经常性的职业安全卫生检查；对职业病防护设备、应急救援设施和劳动防护用品，也应经常性地进行检测、维护与维修，确保其保持良好状态。

（4）用人单位应采用有利于预防职业病危害、保护劳动者健康的新工艺、新技术、新材料，以替代职业病危害严重的工艺、技术及材料。用人单位不得生产、经营、进口和使用国家明令禁止使用的可能产生职业病危害的设备或材料；进口放射性同位素、射线装置和含有放射性物质的物品的，应当按照国家有关规定办理。

（5）用人单位应制定事故应急预案，当发生或可能发生急性职业病危害事故时，应按有关规定立即采取应急救援和控制措施，并按规定报告所在地卫生行政部门和有关部门。

3. 用人单位工作场所应符合职业卫生要求

生产、使用或产生有害因素的各类用人单位，工作场所应符合职业卫生要求，并认真执行国家职业卫生标准《工作场所有害因素职业接触限值》（GBZ 2—2002）的规定。

《工作场所有害因素职业接触限值》主要内容如下：

职业接触限值是职业性有害因素的接触限制量值，指劳动者在职业活动过程中长期反复接触对机体不引起急性或慢性有害健康影响的容许接触量值。化学因素的职业接触限值可分为时间加权平均容许浓度、最高容许浓度和短时间接触容许浓度三类。时间加权平均容许浓度指以时间为权数规定的 8 h 工作日的平均容许接触水平。最高容许浓度指工作地点、在 1 个工作日内、任何时间均不应超过的有毒化学物质的浓度。短时间接触容许浓度指 1 个工作日内，任何 1 次接触不得超过 15 min 时间加权平均的容许接触水平。工作场所指劳动者进行职业活动的全部地点。工作地点指劳动者从事职业活动或进行生产管理过程而经常或定时停留的地点。

第三节　从业人员的权利和义务

一、劳动者依法享有的职业卫生保护权利

从业人员既是生产经营活动中最活跃、最积极的因素，也是职业病危害的最直接、最严重的受伤害者。正由于此，为了在生产经营活动中预防和控制职业病危害，从业人员应当依法享有职业卫生保护的权利和义务。

1. 享有获得职业卫生、劳动保护教育培训的权利

《职业病防治法》规定，用人单位应当对劳动者进行上岗前的职业卫生培训和在岗期间的定期职业卫生培训，普及职业卫生知识，督促劳动者遵守职业病防治法律、法规、规章和操作规程，指导劳动者正确使用职业病防护设备和个人使用的职业病防护用品。此外，生产经营活动的复杂性和多样性，也决定了劳动者必须接受职业卫生等劳动保护教育培训的必要性。从业人员应当学习了解有关职业卫生与职业病防治法律法规知识，增强劳动保护法制意识。应当学习掌握本职工作所需要的劳动保护知识，学习并掌握符合劳动保护要求的操作规程，提高安全生产技能，掌握生产中防范职业病危害的措施，学习职业病危害的常识。应当学会如何正确佩戴和使用个人劳动防护用品，掌握正确使用、维护职业病防护设备的知识。

2. 享有职业健康监护的权利

用人单位对从事接触职业病危害的作业的劳动者，应当按照规定组织上岗前、在岗期间和离岗位时的职业健康检查，并将检查结果如实告知劳动者。职业健康检查费用

由用人单位承担。用人单位不得安排未经上岗前职业健康检查的劳动者从事接触职业病危害因素的作业；不得安排有职业禁忌的劳动者从事其所禁忌的作业；对在职业健康检查中发现有与从事的职业相关的健康损害的劳动者，应当调离原工作岗位，并妥善安置；对未进行离岗前职业健康检查的劳动者不得解除或者终止与其订立的劳动合同。用人单位应当为劳动者建立职业健康监护档案，并按照规定的期限妥善保存。劳动者离开用人单位时，有权索取本人职业健康监护档案复印件，用人单位应当如实、无偿提供，并在所提供的复印件上签章。

3. 享有工作场所职业病危害因素、危害后果和应采取的劳动保护措施的知情权

《职业病防治法》规定，劳动者享有“了解工作场所产生或者可能产生的职业病危害因素、危害后果和应当采取的职业病防护措施”的权利，也就是享有这方面的知情权。

4. 享有要求提供职业病防护设施、用品与条件的权利

从事接触职业病危害因素的作业的劳动者，享有要求用人单位提供符合防治职业病要求的职业病防护设施和个人使用的职业病防护用品，改善工作条件的权利。

5. 享有对违反职业病防治法律、法规的行为的批评、检举、控告权

劳动者是生产经营活动的直接承担者，也是工作场所职业病危害因素的直接面对者，在实践中，对本单位的劳动保护工作有切身的感受和体会，能够提出一些合理化的、切中要害的批评与建议。因此，赋予劳动者对本单位劳动保护工作提出批评与建议权，不仅可以充分调动劳动者在劳动保护管理方面的主动性和积极性，体现劳动保护管理的民主性，而且有利于减少用人单位劳动保护工作中的失误，保障劳动保护工作的科学性、合理性，有效地防止职业病危害事故的发生。

6. 享有拒绝违章指挥和拒绝强令进行没有职业病防护措施作业的权利

违章指挥是指用人单位有关管理人员违反国家关于劳动保护、职业病防治的法律、法规和有关规章制度的规定，对劳动者具体的生产经营活动进行指挥；强令进行没有职业病防护措施的情况下冒险作业，是指用人单位有关管理人员在明知开始或者继续作业会有职业病危害的情况下，仍然强迫劳动者进行作业的行为。用人单位违章指挥、强令冒险作业，违背了“预防为主、防治结合”的方针，侵犯了劳动者的合法权益，是严重的违法行为，也是直接导致职业病危害事故的重要原因。实践中，许多职业病危害事故的发生都与违章指挥、强令冒险作业有关。因此，规定从业人员有权拒绝违章指挥和拒绝强令冒险作业，对于维护正常的生产秩序，有效地防止职业病危害事故发生，保护劳动者自身的人身安全与健康，具有十分重要的意义。

7. 职业病病人依法享受国家规定的职业病待遇的权利

《职业病防治法》第五十至五十二条规定，职业病病人依法享受国家规定的职业病待遇。用人单位应当安排职业病病人进行治疗、康复和定期检查。对不适宜继续从事原工作的职业病病人，应当调离原岗位，并妥善处置。对从事接触有职业病危害因素作业的劳动者，应当给予适当岗位津贴。职业病病人的诊疗和康复费用、伤残以及丧失劳动能力的职业病病人的社会保障，按照国家有关工伤社会保险的规定执行。并依照有关民事法律享有获得赔偿的权利。

《劳动法》第七十三条规定，劳动者在退休、患病或负伤、因工伤残或者患有职业病、失业、生育等情况下，依法享受社会保险待遇。劳动者因职业病死亡后，其遗属依法享受有关补助金。劳动者享受的社会保险金必须按时足额支付。

二、劳动者在职业病防治中须承担的义务

劳动者在享有职业健康保护权利的同时，也必须履行相应的义务，概括起来主要包括以下几个方面：

1. 遵守安全卫生规章制度和操作规程的义务

劳动者应当“执行劳动安全卫生规程，遵守劳动纪律和职业道德”，“在劳动过程中必须严格遵守安全操作规程”。这就意味着在生产活动过程中，劳动者必须增强法纪观念，自觉遵章守纪，把遵守规章制度和落实操作规程贯穿于具体的作业活动之中。

2. 服从管理的义务

为了保持良好的生产劳动秩序，保障自身与他人的安全和健康，劳动者必须服从管理人员依照规章制度和操作规程进行的安全卫生管理。根据法律规定，劳动者不服从管理，违反劳动安全卫生规章制度和操作规程的，由生产经营单位给予批评教育，依照有关规章制度给予处分；造成重大事故，构成犯罪的，依法追究刑事责任。

3. 正确佩戴和使用劳动防护用品的义务

正确佩戴和使用劳动防护用品，是因为不同的劳动防护用品具有特定的佩戴和使用的规则及方法，劳动者要努力掌握这些规则和方法，并且在需要佩戴和使用的场所佩

戴和使用。

4. 掌握劳动安全卫生知识与提高技术技能的义务

通过接受劳动安全卫生教育培训，掌握劳动安全卫生知识和提高技术技能，既是劳动者享有的权利，同时也是劳动者必须履行的一项法定义务。这就要求劳动者必须自觉地接受劳动安全卫生教育培训，不断适应生产活动的知识和技能要求。

5. 发现事故隐患和职业危害并及时报告的义务

劳动者发现事故隐患或者其他不安全因素，应当立即向现场管理人员或者本单位负责人报告。这项义务要求劳动者不仅要具备对各类事故隐患的识别能力，还必须具有强烈的责任心和大局意识。

6. 如实提供职业病诊断、鉴定所需的有关资料等

☆事故案例：

事故案例之一：无防护作业导致二甲基甲酰胺中毒事故

1. 事故经过

2000 年 7 月，宁波市某织造公司，接到一份生产订单，需要完成一批维纶袋的生产任务。该公司是一家小企业，所生产的维纶袋在染浆配料中含有二甲基甲酰胺。公司生产车间内无机械通风，自然通风不良。生产任务计划 4 天完成，为了及时完成生产任务，公司临时招用了 4 名湖南籍民工从事染色工作。这 4 名民工上岗前，公司只是简单介绍了所接触的化学物质有毒，应戴防毒口罩和橡皮手套操作。7 月 23 日，这 4 名民工开始生产。此时正值高温季节，这 4 名民工由于缺乏相关的化工产品知识，又不懂个人安全防护，在操作过程中，不时摘下口罩抽烟、喝水，公司管理人员也未加劝阻。工作到第4天，他们已经不戴口罩作业，其中1人还赤膊工作。7月28日，即工作的第5天，4名民工陆续出现头痛、恶心、呕吐等症状，血中谷丙转氨酶升高，其中1名出现黄疸，最后确认为二甲基甲酰胺中毒。

2. 事故原因分析

厂方在雇用4名民工时，没有按照有关规定进行安全生产教育，也没有讲解有关化学品知识，当发现4名民工没有按照要求佩戴防毒口罩和橡胶手套作业时，也没有及时纠正和严格要求，从而造成这起事故的发生。

3. 事故教训与防范措施

（1）厂方停产整顿，车间内设置通风排毒设备，上岗人员进行安全生产培训和岗前教育。

（2）对工人应结合岗前安全生产知识培训，增加劳动卫生防尘防毒知识教育。要求工人作业必须按照规定要求佩戴防毒口罩和橡胶手套，作业中不得抽烟、喝水。

事故案例之二：进入残留二氧化碳的储罐导致中毒事故

1. 事故经过

2000年7月，某啤酒厂糖化车间发生一起二氧化碳中毒事故，其中1人当场死亡。事故发生于糖化车间的7号密闭发酵储罐内，罐长10 m，直径2 m，容积30 m^3，储罐横卧于车间地面上，并位于其他储罐之间，一端有直径0.5 m的工艺口，是维护储罐的出入口，顶部有3个压力排气孔，底端有物料进出口，正常时储罐内盛满啤酒液和二氧化碳气体。

事故发生的当天上午，维修工人对储罐进行定期维修。维修工艺操作规程要求，储罐内啤酒液被排空后，要打开通风阀，压力排空 4 h 后，待储罐内的二氧化碳被排净后，方可进入储罐内检修。当时因通风阀失灵，1 名维修工人进入储罐内维修时当场昏迷，其他人员发现后，立即进入储罐内将其迅速拖出储罐外，并立即送往医院急救，但是经抢救无效死亡。死者颜面、口唇、耳部青紫，眼球、睑结膜点状出血，诊断为中毒窒息死亡。

2. 事故原因分析

造成事故的原因是储罐内的通风阀被物料堵塞，导致大量二氧化碳气体残留在储罐内。维修工人进入储罐前未进行检测，未使用任何防护器具，直接吸入高浓度的二氧化碳，使动脉血氧分压下降，引起机体缺氧窒息而死亡。

3. 事故教训与防范措施

（1）啤酒厂糖化车间应根据生产工艺建立严格的规章制度，建立工人入罐操作前罐内气体的检测制度，以防止二氧化碳气体残留在储罐内时工人进入操作。

（2）对维修工人进行职业病危害防护知识培训，增强职工自我保护意识，杜绝此类事故再次发生。

讨论题：

1. 劳动者享有哪些职业卫生保护权利？

2. 存在职业病危害因素的生产经营单位应当建立、健全哪些职业病危害因素防治制度和操作规程？

3. 存在职业危害因素的生产经营单位的作业场所应当符合哪些要求？

4. 生产过程中产生的有害因素包括什么？

5. 劳动过程中的有害因素有哪些?
6. 生产环境中的有害因素有哪些?
7. 职业卫生工作的三级预防原则是什么?
8. 劳动者依法享有哪些职业卫生保护权利?
9. 劳动者在职业病防治中应承担哪些义务?

第三章　粉尘类职业危害与防治知识

粉尘类职业危害主要导致尘肺病的发生。近几年，通过采取专项整治等一系列措施，使得大中型企业作业条件有了较大改善，尘肺病高发势头得到一定遏制，但是目前我国尘肺病防治形势依然严峻，其中农民工的尘肺病问题尤为突出，具有发病工龄短、患病率高、病情重的特点。其原因，既有一部分企业法律意识淡薄，不依法落实职业病防治主体责任，不履行应尽义务的因素，也有一些农民工缺少有关尘肺病防治知识，缺乏自我保护意识和能力的因素。因此，了解有关粉尘类职业危害有关知识以及防治知识，对农民工防治尘肺病是十分必要的。

第一节　生产性粉尘与尘肺病知识

一、生产性粉尘危害与尘肺病

一些工矿企业或其他生产单位，如煤矿、非煤矿山等企业，在进行煤矿或矿石的开采过程中，或者是对原料进行破碎、过筛、搅拌工序的过程中，常常会散发出大量微小颗粒，在空气中浮悬很久而不落下来，被作业人员吸入肺中。生产性粉尘就是指在生产过程中形成并能够长时间飘浮于空气中的大量微小颗粒。

1. 生产性粉尘的来源与分类

生产性粉尘来源十分广泛，如固体物质的机械加工、粉碎；金属的研磨、切削；矿石的粉碎、筛分、配料或岩石的钻孔、爆破和破碎等；耐火材料、玻璃、水泥和陶瓷等生产中的原料加工；皮毛、纺织物等原料处理；化学工业中固体原料加工处理，物质加热时产生的蒸气、有机物质燃烧不完全所产生的烟等。此外，还有粉末状物质在混合、过筛、包装和搬运等操作时产生的粉尘，以及沉积的粉尘二次扬尘等。

生产性粉尘是污染环境、损害劳动者健康的重要职业性有害因素，可引起包括尘肺病在内的多种职业性肺部疾病。

根据生产性粉尘的性质可分为三类。

（1）无机性粉尘：包括矿物性粉尘，如石英、石棉、煤等；金属性粉尘，如铁、锡、铝等及其化合物；人工无机粉尘，如水泥、金刚砂等。

（2）有机性粉尘：包括植物性粉尘，如棉、麻、面粉、木材；动物性粉尘，如皮毛、丝尘；人工合成的有机染料、农药、合成树脂、炸药和人造纤维等。

（3）混合性粉尘：指上述各种粉尘的混合存在形式，一般是两种以上粉尘的混合。生产环境中最常见的就是混合性粉尘。

2. 生产性粉尘对人体的危害

粉尘主要通过呼吸道进入人体，并可以沉积在呼吸道。粉尘颗粒越小、飘浮在空气中的时间越长，越容易进入呼吸道深部。颗粒较小的粉尘易沉积在肺泡组织，最具致病性。颗粒较大的粉尘，通常阻留在上呼吸道，易随痰咳出。

粉尘对人体健康的影响包括以下几个方面：

（1）破坏人体正常的防御功能。长期大量吸入生产性粉尘，可使呼吸道黏膜、气管、支气管的纤毛上皮细胞受到损伤，破坏呼吸道的防御功能，肺内尘源积累会随之增加。因此，接尘工人脱离粉尘作业后还可能会患尘肺病，而且会随着时间的推移病情加深。

（2）可引起肺部疾病。长期大量吸入粉尘，使肺组织发生弥漫性、进行性纤维组织增生，引起尘肺病，导致呼吸功能严重受损而使劳动能力下降或丧失。矽肺是纤维化病变最严重、进展最快、危害最大的尘肺。

（3）致癌。有些粉尘具有致癌性，如石棉是世界公认的人类致癌物质，石棉尘可引起间皮细胞瘤，可使肺癌的发病率明显增高。

（4）毒性作用。铅、砷、锰等有毒粉尘，能在支气管和肺泡壁上被溶解吸收，引起铅、砷、锰等中毒。

（5）局部作用。粉尘堵塞皮脂腺使皮肤干燥，可引起痤疮、毛囊炎、脓皮病等；粉尘对角膜的刺激及损伤可导致角膜的感觉丧失，角膜混浊等改变；粉尘刺激呼吸道黏膜，可引起鼻炎、咽炎、喉炎。

二、尘肺病的特点和影响因素

尘肺病是由于在生产活动中长期吸入生产性粉尘引起的以肺组织弥漫性纤维化为主的全身性疾病。肺纤维化就是肺间质的纤维组织过度增长，进而破坏正常肺组织，使肺的弹性降低，影响肺的正常呼吸功能。

引起尘肺病的生产性粉尘主要有两类：一类是无机矿物性粉尘，包括石英粉尘、煤尘、石棉、水泥、电焊烟尘、滑石、云母、铸造粉尘等；还有一类是有机粉尘。目前，我国法定职业病目录中包括矽肺、煤工尘肺、石墨尘肺、炭墨尘肺、石棉肺、滑石尘肺、水泥尘肺、云母尘肺、陶工尘肺、铝尘肺、电焊工尘肺、铸工尘肺以及根据《尘肺病诊断标准》（GBZ 70—2002）和《尘肺病理诊断标准》可以诊断的其他尘肺等13种尘肺病。

1. 尘肺病的特点

尘肺病具有以下特点：

（1）病因明确。作业环境中存在较高浓度的生产性粉尘，是引起尘肺病的主要原因。控制生产性粉尘浓度或采取有效的个人呼吸防护措施可避免或减少尘肺病的发生。

（2）发病缓慢。职工在生产环境中长期吸入超过国家规定标准浓度的粉尘，经过数月、数年或更长时间发生尘肺病。

（3）脱离粉尘作业仍有可能患尘肺病或病情发展。

（4）通常在相同作业场所从事作业的职工中具有一定的发病率，很少只出现个别病例。

（5）可防不可治。远离尘肺病的关键在于预防，一旦患上尘肺病很难根治，而且发现越晚，疗效越差。

2. 容易患病的行业、工种与场所

目前粉尘是我国主要的职业病危害因素，因此尘肺病也是我国最主要的职业病。可以说工业生产过程中粉尘是随时随处都存在的，主要的行业及工种是：

（1）矿山开采业。各种金属矿山及非金属矿山的开采是产生粉尘最多的行业，故也是尘肺病危害最严重的行业。在金属或非金属矿山接触粉尘最多的工种是凿岩工、放炮工、支柱工、运输工等，在煤矿主要是掘进工、采煤工、

搬运工等。矿山开采业使用风动工具凿眼、爆破，特别是干式作业（干打眼）可产生大量的粉尘。

（2）机械制造业。机械制造业首先是制造金属铸件，即铸造业，铸造模具所使用的原料主要是天然砂，其次是黏土。由于对铸件的要求不同，铸造模具所用的原料的成分也不同，有些二氧化硅可达70%～90%；黏土主要是高岭土和膨润土，为硅酸盐。铸造业曾经是发生矽肺的主要行业之一。机械制造业接触粉尘的主要工作包括配砂、混砂、成型以及铸件的打箱、清砂等。

（3）金属冶炼业。金属冶炼中矿石的粉碎、烧结、选矿等，可产生大量的粉尘。

（4）建筑材料业。耐火材料、玻璃、水泥制造业，石料的开采、加工、粉碎、过筛以及陶瓷中原料的混配、成型、烧炉、出炉和搪瓷工业。主要接触二氧化硅粉尘和硅酸盐粉尘。

（5）筑路业。包括铁道、公路修建中的隧道开凿及铺路。

（6）水电业。水利电力行业中的隧道开凿，地下电站建设。

（7）其他，如石碑、石磨加工、制作等。

一般来讲，接触粉尘作业场所容易引起尘肺病，这些场所的特点包括：作业场所产尘量大，粉尘浓度高于国家标准；生产性粉尘的石英纯度高；生产过程采取干式作业，而且没有通风除尘设施。

3. 影响尘肺发病的因素

尘肺病人从接尘到发病一般有10年左右的时间，时间长的15～20年才发病，短的1～2年，甚至半年就能发病。

尘肺的发病时间（发病工龄）主要取决于粉尘中游离二氧化硅（或硅酸盐）的含量、粉尘的粒径大小和吸入量。劳动强度大小、个人身体状况和个人防护好坏对尘肺的发病也有不同程度的影响。

（1）游离二氧化硅含量。大量的实验研究和卫生调查都表明，粉尘中游离二氧化硅含量越高，发病的时间越短，病变发展速度越快，危害性越大。如吸入含游离二氧化硅70％以上的粉尘时，往往形成以结节为主的弥漫性纤维化，而且发展较快，又易于融合。当粉尘中游离二氧化硅含量低于10％时，则肺内病变以间质性为主，发展较慢且不易融合。

（2）粉尘的粒径。人体的呼吸器官对粉尘的进入有防御能力，随吸气进入呼吸道的粉尘并不全部吸入肺泡（肺泡的直径只有几微米至十几微米），大部分被阻留在鼻腔中或黏附在各级支气管的黏膜上，随着呼气和痰液排出体外，仅有很少一部分粒径较小的尘粒有可能进入肺泡而沉积在肺部。粒径越小，在空气中停留的时间越长，通过上呼吸道而被吸入肺部的机会越多。此外粒径越小，粉尘的比面积越大，在人体内的化学性质越活泼，导致肺组织纤维化的作用也越明显。所以粉尘粒径越小，对人体的危害性越大。从死于矽肺的人的肺组织中发现的尘粒，95％～99％的粒径都小于5 μm。所以，现在一般认为5 μm以下的呼吸性粉尘对人体的危害性最大。

（3）粉尘的吸入量。粉尘的吸入量与工人作业点空气中的粉尘浓度和接触粉尘的时间成正比。粉尘浓度越高，从事粉尘作业的时间越长，则吸入量越多，就越容易患尘肺。对从事粉尘作业的工人来说，控制住作业点的粉尘浓度，就可以控制粉尘的吸入量，也就在一定程度上控制了尘肺的发生。

（4）劳动强度。人的呼吸量是随着劳动强度的增加而增加的。这是因为劳动过程中人体内新陈代谢需要氧气参加，劳动强度越大，所需的氧气就越多。据推算，在含尘浓度相同的作业环境中，从事中度和重度劳动强度的工人吸入的粉尘量相差1.5～3倍。由此可见，劳动强度的大小是影响尘肺发病的重要因素之一。

（5）个人身体状况。因为粉尘是通过对人体起作用而引起尘肺的，所以人体本身的一些因素也影响着尘肺的发生和发展。一般来说，体质差、患有各种慢性病（如支气管炎、肺部疾病、心脏病等）的工人比较容易发病。此外，不注意个人防护（如不戴防尘口罩等）的工人也容易发病。

应该特别指出的是，虽然每个人的体质不同，抵抗力不同，但如果吸入肺部的粉尘量过多，体质差异也就不明显了。因此，在影响尘肺发病的各种因素中，起决定作用的还是粉尘的性质和吸入量。

三、尘肺病的症状

我国目前的尘肺病诊断标准，将尘肺分为一期尘肺（Ⅰ）、二期尘肺（Ⅱ）、三期尘肺（Ⅲ）。分期的主要依据是病人X光胸片中肺内小阴影密集度及其分布范围和大阴影的有无。需要注意的是：

1. 尘肺病患者的主要症状

尘肺病患者早期通常没有特异的临床症状，出现临床症状多与并发症有关。尘肺病的主要症状有：

（1）气短。这是最早出现的症状。起初病人只在重体力劳动或爬坡时感到气短，以后在一般劳动或走上坡路、上楼梯等时候出现气短，病情较重或有并发症时，即使不活动也会感到气短，甚至不能平卧。

（2）胸闷、胸痛。该症状出现也比较早。有的患者开始可能感到胸部发闷，呼吸不畅或有压迫感，有的则出现间断性胸部隐痛或针刺样疼痛，并且在气候变化或阴雨天加重。晚期病人表现为胸部紧迫感或沉重感。

（3）咳嗽、咯痰。早期患者一般仅有干咳，合并肺部感染或较晚期病人咳嗽加重，并有咳痰，少数病人痰中带血。

从事粉尘作业的职工出现以上症状要特别警惕，要尽快到专业机构进行职业健康体检。

2. 尘肺病常见的并发症

尘肺病患者比较常见的并发症有肺结核、支气管炎、肺炎、肺气肿、肺源性心脏病、自发性气胸等。比较少见的有：支气管扩张、肺脓肿等。并发症是尘肺病加重的主要原因，且常常也是引起尘肺病死亡的主要原因。因此，防止尘肺病人的并发症有很重要的意义。

（1）肺结核。肺结核可以使尘肺病的症状加重。除气急、胸痛外，可能有全身无力、疲劳、盗汗、潮热及咳嗽、吐痰、咯血等。血沉可以加快。痰化验可能找到结核杆菌。肺部可以听到局限性的湿性啰音等。胸部X线片上除看到尘肺病变外，还可看到结核病变。

（2）支气管炎与肺炎。支气管炎与肺炎这两种病也是尘肺病人比较常见的并发症，其中以支气管炎更常见。当尘肺病人并发支气管炎时，其表现有咳嗽、吐痰、发热等症状。如并发支气管肺炎时，则咳嗽更加厉害，发热、气急较明显。当并发了大叶性肺炎时，则发病比较突然，高热、吐铁锈色痰、胸痛与气急更显著，还可能有口唇及口角发生疱疹等。

化验检查时，可发现白细胞增高，特别是大叶性肺炎，增加比较显著。X线检查时，这三种病各有不同的疾病特点。

（3）肺气肿。肺气肿是较常见的并发症。往往随着病情的发展，肺气肿也越严重。肺气肿的主要表现是慢性进行性的呼吸困难和缺氧。检查时，典型肺气肿病人可以看到有呼吸短促、两肩高耸，颈部因而变得较短，胸部外形像桶状等。肺功能检查可有不同程度的损害。X线照片和透视检查都可以看出肺气肿的变化特点。

（4）肺源性心脏病。肺源性心脏病就是由于肺部疾病的原因而引起的心脏病。尘肺病人发生肺源性心脏病的主要表现有：除尘肺的症状外，还可能有气短加重，以至感到呼吸很困难，口唇及指甲发绀也比较明显。当发生心力衰竭时，可能出现昏睡或者昏迷。

（5）自发性气胸也是尘肺病比较常见的并发症。尘肺并发气胸是急症，诊断不及时或误诊，可造成严重后果。尘肺病人发生自发性气胸时有什么表现呢？当发生局限性气胸时，可以没有什么症状或仅感到胸部发闷发紧。当发生比较广泛的气胸时，可能突然感到胸痛和呼吸困难，胸痛可放射至发生气胸的这一侧的肩部、手臂和腹部；同时还可能有脸色苍白、发绀、出汗等。当检查病人时，可发现脉搏比较细微，血压下降，肋间隙增宽，心脏及气管移向，叩诊时，声音比平时响亮，呈鼓音，呼吸音减弱或者消失等；X线检查时，可以很清楚地看到自发性气胸的情形。

3. 尘肺病没有传染性

尘肺病不会传染给他人，有些人可能认为身边有几个劳动者都得了尘肺病，因此怀疑尘肺病能相互传染。这其实是由于大家的工作环境相同，工作场所中有害物质的浓度、性质等都近似，并不是由于疾病的传染。但由于尘肺病人容易发生某些具有传染性的合并症，如活动性肺结核，这就有可能将肺结核传染给他人。

四、不同类型尘肺病的症状

1. 矽肺病的主要症状

矽肺是尘肺病的一种，是由于在生产活动中长期吸入含有游离二氧化硅的生产性粉尘而引发的以肺组织弥漫性纤维化为主的全身性疾病。矽肺病是我国目前患病人数最多、危害性最大的一种职业病。也是世界上最古老，最广泛发生的职业病。

矽肺病的发生，主要与接触矽尘的作业有关。硅在自然界分布很广泛，在地壳的矿石中，约 95%含有数量不等、形态不同的纯石英或二氧化硅，因此凡能接触含有二氧化硅的一切粉尘的作业都有可能引起矽肺。主要行业有：

（1）采矿业，如金属矿石开采，云母、氟石、硅质煤等开采；

（2）开山筑路，如隧道和涵洞钻孔、爆破等；

（3）建筑材料业，如花岗岩、砂岩、板岩浮石开采、轧石以及石料加工；

（4）钢铁冶金业的矿石原料加工准备，炼钢炉修砌；

（5）机械制造业，铸造工艺中的型砂准备、浇铸、开箱、污砂整理、喷砂等；

（6）耐火材料业中的原料准备、成型、焙烧等；

（7）陶瓷工业中的原料准备、碾碎加工、磨细等。

（8）玻璃制造业中的原料准备；

（9）石粉行业，如石英加工、碾压、生磨、筛粉、装袋、运输等；

（10）造船业的喷砂除锈；

（11）搪瓷业原料准备和喷花、施釉等。

2. 煤工尘肺主要症状

在煤矿开采过程中，由于工种不同，作业工人可分别接触煤尘、煤和岩石混合型粉尘或矽尘，从而引起肺部弥漫性纤维化和结节性改变，统称煤工尘肺。煤尘肺早期无症状，病程发展缓慢。肺气肿形成同时伴有阻塞性细支气管炎者，可出现活动后气急、咳嗽、咳痰。伴有支气管扩张时可有大量浓痰咳出。晚期病人呼吸道易感染。易继发肺源性心脏病、心力衰竭，出现缺氧和二氧化碳潴留症状。

3. 石墨尘肺的主要症状

石墨尘肺是由于长期吸入高浓度石墨粉尘所引起的尘肺。石墨尘肺患者肺脏的改变酷似煤工尘肺，肺内出现大小不等的黑斑点。患有石墨尘肺的病人多有不明显的症状，如出现轻度鼻咽部发干、咳嗽、咳黑色黏痰，劳动后有胸闷、气短现象。由于石墨尘肺容易并发病毒、细菌感染，包括结核感染，所以患者可出现反复发作的呼吸系统炎症，加重肺功能损害。

4. 电焊工尘肺的主要症状

电焊工尘肺是长期大量吸入电焊烟尘所致的一种尘肺。电焊烟尘的化学组成以氧化铁为主，此外还有二氧化锰、非结晶型二氧化硅、氟化硅、氟化钠，是一种混合型粉尘。因此，电焊工尘肺是一种混合型尘肺。电焊作业分布范围很广，主要以船舶、车辆、机械、锅炉制造、化工设备安装等部门电焊工人数量最多，当在船体、锅炉或油罐等通风不良或密闭容器内焊接时，接触电焊粉尘浓度较高，易发生尘肺。发病工龄一般在10年以上。

电焊工尘肺早期症状、体征不明显，可有胸部不适、胸闷、气急、咳嗽、咳痰、胸部隐痛等。并发呼吸系统感染时，上述症状加重，双肺可闻及干、湿啰音等。合并锰中毒、氟中毒和金属烟雾热时，可出现相应的症状和体征。X线表现以不规则小阴影为主，在两肺中下野为多，间有类圆形小阴影，直径多在1.5 mm以下。部分病例以类圆形小阴影为主，而且密集度常常较高，此种表现多见于在粉尘浓度很高环境中作业的工人，少数病例还可出现大阴影。

5. 石棉肺的主要症状

石棉肺也是尘肺病的一种，其主要病理改变是肺间质纤维化和胸膜纤维化。石棉所致肺间质纤维化开始多在肺下部，随病情发展逐渐向全肺扩散，严重时正常肺组织的细支气管、肺泡等完全被纤维化组织代替，并和扩张的细支气管混合在一起形成蜂窝状改变，从而影响正常的呼吸功能。胸膜纤维化主要表现为胸膜增厚、粘连，由于纤维化组织的收缩及胸膜纤维化，可使肺脏体积明显缩小。在一般职业接触情况下，石棉肺发生可能需要较长的时间，一般经10～20年，在停止接触石棉粉尘后，肺纤维化仍可继续发展，病情不断加重。值得注意的是，长期接触石棉粉尘的工人，离岗时虽然没有发现石棉肺，但离岗后仍有部分工人可能发生石棉肺。

接触石棉尘的作业包括：石棉的加工与处理，如开包工、梳棉工、织布工、造船厂的修造工、运输工、建材工、石器材和电气绝缘制造工、耐火材料制造、石棉制品检修、刹车片制造、旧建筑的拆除与维修及废石棉再生工等，老式氯碱生产工艺中的电解槽修槽工（电解槽中垫有石棉）、石棉水泥瓦生产工等。上述工种在石棉的粉碎、切割、磨光等作业中，均可产生大量的石棉粉尘。石棉矿的采矿工、选矿工、运输工、装卸工等均接触石棉粉尘。

第二节　粉尘危害治理与尘肺病预防

一、粉尘危害治理规定与要求

目前，尘肺病尚无有效的根治方法，但完全可以预防。预防尘肺病的关键，在于最大限度防止有害粉尘的吸入，只要措施得当，尘肺病是完全可以预防的。

1. 我国防尘降尘的“八字方针”

我国针对防尘降尘制定了“革、湿、密、风、护、管、教、查”八字方针，大致内容可分为两个方面：

（1）技术措施方面。主要是采用工程技术措施消除或降低粉尘危害，这是预防尘肺病最根本的措施：①革，即生产工艺技术革新。这是消除尘肺的根本措施，包括改干式作业为湿式作业，尽量使用不含游离二氧化硅或游离二氧化硅含量较低的生产原料。②湿，即湿式作业。如湿式碾磨石英和耐火材料、矿山湿式凿岩、井下运输喷雾洒水等。③密，即通过生产过程密闭化，将粉尘发生源密闭起来。④风，即通风除尘。加强工作场所通风或在粉尘发生源局部采取强力抽风措施排出粉尘。

（2）卫生保健措施方面。主要是加强作业人员的宣传教育、检查监护和个人防护。①护，即加强个人防护和个人卫生。佩戴防尘护具，如防尘安全帽、防尘口罩、送风头盔、送风口罩等，讲究个人卫生，勤换工作服，勤洗澡。②管，即建立并严格执行防尘工作管理制度。③教，做好宣传教育，使防尘工作成为职工的自觉行动。④查，依法对工作场所的粉尘浓度定期进行检测，对接尘职工进行定期职业健康检查，包括上岗前体检、岗中的定期健康检查和离岗时体检，对于接尘工龄较长的工人还要按规定做离岗后的随访检查。

2. 从事粉尘作业的工作场所的职业卫生要求

《职业病防治法》第十三条规定，从事粉尘作业的工作场所有如下职业卫生要求：

（1）粉尘浓度符合国家职业卫生标准；

（2）有相适应的粉尘防护设施；

（3）工作场所生产布局合理，符合有害与无害作业分开的原则；

（4）有配套的更衣间、洗浴间和孕妇休息间等卫生设施；

（5）工作场所的设备、工具、用具等设施符合劳动者生理、心理健康的要求；

（6）符合法律、行政法规和国务院有关行政部门关于保护劳动者健康的其他要求。

国家还对作业场所粉尘浓度制定了卫生标准，作业场所粉尘浓度低于国家标准，对于每日工作 8 小时或每周工作 40 小时的绝大多数职工来说，发生尘肺病的可能性小；作业场所粉尘浓度高于国家标准，用人单位应采取综合措施，降低作业场所粉尘浓度，并为职工配备符合国家标准的个人呼吸防护用品。职工可以通过作业场所粉尘浓度告知牌，了解粉尘浓度是否达到国家标准的要求。

3. 国家对粉尘作业场所的卫生学要求

（1）工作场所生产布局合理；

（2）有配套的通风除尘措施，尽量采取湿式作业和湿式清扫，防止二次扬尘；

（3）定期检测作业场所的粉尘浓度是否符合国家职业卫生标准；

（4）如果作业场所粉尘浓度超过国家职业卫生标准，应当为从事粉尘作业的职工配备适宜的呼吸防护用品；

（5）特殊粉尘作业场所，如石棉、石英含量较高的粉尘作业场所，应有配套的更衣间、洗浴间等卫生设施。

4. 从事粉尘作业的职工应遵循的基本卫生防护要求

（1）从事粉尘作业的职工应学习、掌握和遵守岗位操作规程，了解作业场所存在的粉尘危害因素和可能造成的健康损害；

（2）定期对通风除尘设备、设施进行检查，保证其处于良好状态，如果设备、设施发生异常，要及时报告，进行维护；

（3）按要求佩戴个人防护用品；

（4）参加用人单位安排的职业健康检查。

二、煤矿粉尘危害防治规定与要求

2010 年 7 月 22 日，国家安全监管总局、国家煤矿安监局下发了《煤矿作业场所职业危害防治规定（试行）》（以下简称《规定》），并于当年9月1日正式实施。该规定分为十一个部分、七十九条，各部分内容为：一、总则；二、煤矿职业危害防治管理；三、煤矿职业危害申报；四、煤矿粉尘危害防治；五、煤矿噪声危害防治；六、煤矿高温危害防治；七、煤矿职业中毒防治；八、职业卫生技术服务机构管理；九、监督检查；十、煤矿职业危害事故认定与处理；十一、附则。该规定适用于我国领域内各类煤矿及其所属地面存在职业危害的作业场所。在煤矿粉尘危害防治方面，粉尘的主要危害是煤尘、岩尘、水泥尘等。

1. 煤矿职业危害防治管理

煤矿作业场所职业危害防治坚持以人为本、预防为主、综合治理的方针。煤矿企业法定代表人是本单位职业危害防治工作的第一责任人。煤矿企业应建立健全职业危害防治领导机构，负责制定职业危害防治规划、年度计划和机构设置、职责分工、经费落实等工作，加强对职业危害防治工作的领导。煤矿企业应建立健全职业危害防治管理机构，配备专职管理人员，负责职业危害防治日常管理工作。煤矿企业应建立职业危害防治院所，负责企业职业危害因素监（检）测与评价、职业健康监护、职业病诊断治疗康复等工作；不具备建立条件的，必须委托职业卫生技术服务机构为其提供职业危害防治技术服务。

该规定要求，煤矿企业应建立健全下列职业危害防治制度：职业危害防治责任制度；职业危害防治计划和实施方案；职业危害告知制度；职业危害防治宣传教育培训制度；职业危害防护设施管理制度；从业人员防护用品配备发放和使用管理制度；职业危害日常监测管理制度；职业健康监护管理制度；职业危害申报制度；职业病诊断鉴定及治疗康复制度；职业危害防治经费保障及使用管理制度；职业卫生档案与职业健康监护档案管理制度；职业危害事故应急救援预案；法律、法规、规章规定的其他职业危害防治制度。

2. 煤矿粉尘危害防治的要求

《规定》在煤矿粉尘危害防治方面，要求做到：

（1）矿井必须建立完善的防尘洒水系统。永久性防尘水池容量不得小于 200 m^3，且储水量不得小于井下连续 2 小时的用水量，并设有备用水池，其储水量不得小于永久性防尘水池的一半。防尘管路应铺设到所有可能产生粉尘和沉积粉尘的地点，管道的规格应保证各用水点的水压能满足降尘需要，且必须安装水质过滤装置，保证水质清洁。

（2）掘进井巷和硐室时，必须采用湿式钻眼，冲洗井壁巷帮，使用水炮泥，爆破过程中采用高压喷雾（喷雾压力不低于 8 MPa）或压气喷雾降尘、装岩（煤）洒水和净化风流等综合防尘措施。

（3）在煤、岩层中钻孔，应采取湿式作业。煤（岩）与瓦斯突出煤层或软煤层中瓦斯抽放钻孔难以采取湿式钻孔时，可采取干式钻孔，但必须采取捕尘、降尘措施，其降尘效率不得低于 95％，并确保捕尘、降尘装置能在瓦斯浓度高于 1％的条件下安全运行。

（4）炮采工作面应采取湿式钻眼法，使用水炮泥；爆破前、后应冲洗煤壁，爆破时应采用高压喷雾（喷雾压力不低于 8 MPa）或压气喷雾降尘，出煤时应当洒水降尘。

（5）采煤机必须安装内、外喷雾装置，内喷雾压力不得低于 2 MPa，外喷雾压力不得低于 4 MPa，如果内喷雾装置不能正常使用，外喷雾压力不得低于 8 MPa。无水或喷雾装置不能正常使用时，必须停机；液压支架必须安装自动喷雾降尘装置，实现降柱、移架同步喷雾；破碎机必须安装防尘罩，并加装喷雾装置或用除尘器抽尘净化。放顶煤采煤工作面的放煤口，必须安装高压喷雾装置（喷雾压力不低于8 MPa）。掘进机掘进作业时，应使用内、外喷雾装置和除尘器构成的综合防尘系统，并对掘进头含尘气流进行有效控制。

（6）采掘工作面回风巷应安设至少2道自动控制风流净化水幕。

（7）井下煤仓放煤口、溜煤眼放煤口以及地面带式输送机走廊，都必须安设喷雾装置或除尘器，作业时进行喷雾降尘或用除尘器除尘。其中煤仓放煤口、溜煤眼放煤口采用喷雾降尘时，喷雾压力不得低于8 MPa。

（8）预先湿润煤体。煤层注水过程中应当对注水流量、注水量及压力等参数进行监测和控制，单孔注水总量应使该钻孔预湿煤体的平均水分含量增量不得低于1.5%，封孔深度应保证注水过程中煤壁及钻孔不漏水或跑水。在厚煤层分层开采时，应采取在上一分层的采空区内灌水，对下一分层的煤体进行湿润。

（9）锚喷支护防尘。打锚杆眼应实施湿式钻孔。锚喷支护作业时，沙石混合料颗粒的粒径不得超过15 mm，且应在下井前洒水预湿。距离锚喷作业点下风流方向100 m内，应设置2道以上风流净化水幕，且喷射混凝土时工作地点应采用除尘器抽尘净化。

（10）转载及运输防尘。转载点落差应小于0.5 m，若超过0.5 m，必须安装溜槽或导向板。各转载点应实施喷雾降尘（喷雾压力应大于0.7 MPa）或采用密闭尘源除尘器抽尘净化措施。在装煤点下风侧 20 m 内，必须设置一道风流净化水幕。运输巷道内应设置自动控制风流净化水幕。

（11）露天煤矿钻孔作业时，应采取湿式钻孔；破碎作业时应采取密闭、通风除尘措施；应加强对钻机、电铲、汽车等司机操作室的防护；电铲装车前，应对煤（岩）洒水，卸煤时应设喷雾装置；运输路面应经常洒水，加强维护，保持路面平整。

三、粉尘作业的个人卫生保健措施

1. 粉尘作业的个人卫生保健措施

粉尘作业的个人卫生保健措施包括：

（1）加强个人卫生。一是要注意个人防护用品使用中的卫生，如使用防毒口罩，在使用前应了解其性能、用法和如何判断失效等知识，经常更换滤料，以免误用或使用无效口罩。保持清洁卫生，做到专人专用、防止交叉感染。二是要注意个人卫生，不要在车间抽烟、进食和饮水及存放食品、水杯，更不能在生产炉热饭、烤食品，以免毒物污染食品进入消化道。要勤洗手，凡是脱离操作后，做其他事前要洗手，如抽烟、吃饭、喝水、去卫生间等。尘毒作业工人下班后要洗澡，换干净衣服回家，工作服勤换洗。

（2）科学加强营养。应在保证平衡膳食的基础上，根据接触毒物的性质和作用特点，适当选择某些特殊需要的营养成分加以补充，以增强全身抵抗力，并发挥某些成分的解毒作用，例如高蛋白、高维生素的食品。此外，需要补充适当量的糖，糖提供的葡萄糖醛酸可与毒物结合，排出体外，如苯。夏季的高温作业工人，补充含盐清凉饮料，可促进毒物的排泄，而且提倡喝茶水，茶含有鞣酸，能促进唾液分泌，有解渴作用，又含咖啡因，兴奋中枢神经，解除疲劳。

(3) 加强锻炼、促进代谢。同时禁烟、酒，白酒（乙醇）可将储存在骨骼内的铅动员到血流中，产生铅中毒症状。

2. 正确选择防尘口罩

防尘口罩是一种通过净化过滤阻止粉尘吸入人体的呼吸防护器。需要注意的是，防尘口罩是利用防尘技术设备将粉尘浓度降到可容许浓度以下之后的辅助个人防护用具，不能把单纯使用防尘口罩作为预防尘肺病的主要措施。

防尘口罩被国家列为特种劳动防护用品，实行工业产品生产许可证制度和安全标志认证制度。企业提供的防尘口罩必须是符合标准的国家认可产品，要能有效地阻止粉尘，尤其是 5 μm 以下的粉尘进入呼吸道。防尘口罩要符合重量轻，佩戴舒适、卫生，保养方便，既能有效阻止粉尘，又能保证工作时呼吸顺畅的要求。纱布口罩不能阻挡对人体危害最大的细微粉尘，国家明文规定纱布口罩不能作为防尘口罩使用。

职工在接尘作业中必须坚持佩戴防尘口罩，注意选取与脸形相适应的型号，最大限度防止空气从缝隙不经过滤进入呼吸道。要按照使用说明正确佩戴防尘口罩，否则起不到防尘作用。要经常对防尘口罩进行检查，发现失效及时更换。更换防尘口罩的时间，则取决于接尘环境的粉尘浓度、每个人的使用时间、各种防尘口罩的容尘量以及使用不同的维护方法等。目前还没有办法统一规定具体的更换时间，当防尘口罩的任何部件出现破损、断裂和丢失（如鼻夹、鼻夹垫）以及明显感觉呼吸阻力增加时，应及时更换。

3. 不适合从事粉尘作业的人员

具有下列情况者不能从事粉尘作业：

（1）不满18周岁；

（2）患活动性肺结核；

（3）患严重的慢性呼吸道疾病，如萎缩性鼻炎、鼻腔肿瘤、支气管哮喘、支气管扩张、慢性支气管炎等；

（4）严重影响肺功能的胸部疾病，如弥漫性肺纤维化、肺气肿、严重胸膜肥厚与粘连、胸廓畸形等；

（5）严重的心血管系统疾病。

第三节　尘肺病的检查与诊断

一、粉尘作业职工的职业健康体检

职业健康体检是指对从事接触粉尘危害作业职工进行的特定身体检查。包括上岗前、在岗期间、离岗时检查以及离岗后的医学随访。其目的是早期发现和治疗尘肺病或由生产性粉尘引起的健康损害，保护职工的身体健康。从事粉尘作业职工的职业健康检查项目应包括拍摄符合质量要求的X线胸片；接触棉、麻等有机粉尘者还应进行肺功能测定等。

1. 职业健康检查与一般检查的区别

一般检查是用人单位对非接触职业病危害作业的职工进行的身体检查，属常规体检，以查五官科、心、肝、肾、肺、泌尿科、妇科等为主，以发现常见病，早期治疗，其目的是保护职工的健康。

职业健康检查与一般检查不同之处在于：

（1）职业健康检查具有针对性。如就业前的职业健康检查是针对即将从事有害作业工种的职业禁忌进行的。

（2）职业健康检查具有特异性。不同的职业病危害因素造成的健康损害不同。如粉尘作业，主要是引起呼吸系统损伤，因此，要拍X线胸片、肺功能检查等。

（3）职业健康检查具有强制性。为保护职工的职业健康，用人单位对从事粉尘作业职工进行上岗前、在岗期间和离岗时的职业健康检查是强制性的，对此国家法律有明确规定。

（4）职业健康检查不是所有医院都能进行。应由取得省级以上人民政府卫生行政部门批准的医疗卫生机构进行，否则检查结果无效。

2. 粉尘作业职工上岗前的职业健康体检

粉尘作业职工上岗前的职业健康体检，是指用人单位对即将从事粉尘作业的职工在上岗之前对职工身体进行的特定检查。上岗前职业健康体检是强制性的，应在职工从事接触粉尘作业前完成。对于即将从事粉尘作业的新录用人员，包括转岗到接触粉尘作业岗位的人员均应进行上岗前的职业健康体检。

上岗前职业健康体检主要目的是掌握职工是否有职业禁忌证，是否适合从事粉尘作业，以便建立从事粉尘作业职工的基础健康档案。上岗前为职工进行的职业健康体检不是剥夺有职业禁忌证职工的劳动权利，而是保护其身体健康。

从事粉尘作业职工的上岗前职业健康体检项目主要包括：了解其职业史、既往病史、结核病接触史等，拍摄X

线胸片、肺功能以及必要的其他实验室检查。

3. 粉尘作业职工在岗期间的定期职业健康体检

在岗期间的职业健康体检，是指用人单位依照国家规定对长期从事粉尘作业的职工健康状况定期进行的检查。在岗期间的职业健康体检周期根据生产性粉尘的性质、工作场所的粉尘浓度、防护措施等因素决定。2007 年国家颁布的《职业健康监护技术规范》（GBZ 188—2007），对接触各类生产性粉尘作业职工的体检周期都做了详细规定。

在岗期间职业健康体检的目的主要是早期发现尘肺病患者，及时发现有职业禁忌证的职工和对“观察对象”进行动态观察，以便将发现的有职业禁忌证或有早期职业健康损害者及时调离，安排适当工作。此外，通过在岗期间的职业健康体检，还可以动态观察职工群体的健康变化，并对作业场所粉尘危害的控制效果进行评价。

定期职业健康体检应包括：了解职业史和自觉症状、拍摄 X 线胸片等。

4. 粉尘作业职工离岗时的职业健康体检

离岗时的职业健康体检，是指职工在准备调离或脱离所从事的粉尘作业前所进行的全面健康检查。

离岗时职业健康体检主要目的，是确定职工在停止接触生产性粉尘时的健康状况。对于从事粉尘作业的职工来说，离岗时的体检结果非常重要，这是职工一旦患尘肺病应该从哪里获取职业病待遇的依据。

离岗职业健康体检，应尽量安排在解除或终止劳动合同前一个月内为宜，如最后一次在岗期间的健康体检是在离岗前 90 日内，可视为离岗时体检。用人单位如不安排离岗职业健康体检，职工可向当地卫生监督机构或劳动保障部门投诉，也可依法申请劳动仲裁。

离岗职业健康体检应包括：了解职业史和自觉症状、拍摄X线胸片等。

5. 粉尘作业职工离岗后的医学随访

已经脱离粉尘作业的职工即使调离原单位，也应根据接触粉尘作业情况继续进行医学随访观察。这是由于原来进入肺部的生产性粉尘（尤其是矽尘）对肺组织具有持续性的致纤维化作用，脱离粉尘作业后职工仍可发生尘肺病，或使原有尘肺病加重，因此对于从事过粉尘作业的职工，离岗后还必须进行定期医学随访，以便早期发现尘肺病，或及时掌握原有尘肺病的病情发展情况。

6. 已确诊的尘肺病患者的定期健康体检

已确诊的尘肺病患者仍需要进行定期健康检查，是由于尘肺病即使在脱离粉尘作业后病情仍有可能发展的特点所决定的。比如，职工离岗体检时诊断为一期尘肺病，虽然该职工以后不再从事粉尘作业，但由于原来进入肺组织的粉尘仍然具有持续性的致纤维化作用，使原有尘肺病病情加重。为了及时了解病情发展情况，已确诊的尘肺病患者还必须进行定期健康体检。

二、尘肺病患者的诊断与治疗

对于职业健康体检发现异常需要复查或医学观察的职工，用人单位应当安排时间让职工前往体检机构进行复查或医学观察，需要进行尘肺病诊断的，用人单位应当安排其到职业病诊断机构进行诊断。发现职工有不适合从事粉尘作业禁忌证的，用人单位应及时将其调离原工作岗位，并妥善安置。

职工在得知职业健康体检结果出现异常时，应当按照用人单位的安排及时进行复查；需要进行职业病诊断的，应当配合职业病诊断机构进行诊断；如果身体情况不适合在原岗位工作，应当服从用人单位的安排到新的岗位工作。

1. 怀疑得了尘肺病的诊断、就医

从事粉尘作业的职工，如果在工作一段时间后，怀疑自己得了尘肺病，应该到省级以上人民政府卫生行政部门批准的医疗卫生机构进行诊断。职工可以在用人单位所在地，或者本人居住地依法承担职业病诊断的医疗卫生机构，进行尘肺病诊断。

诊断尘肺病的必备要素包括：职工接触粉尘作业史、现场粉尘危害调查与评价资料，临床表现以及辅助检查结果等。没有证据否定尘肺病危害因素与病人临床表现之间的必然联系的，在排除其他致病因素后，应当诊断为尘肺病。

职工在申请职业病诊断时，应提交申请书、本人健康损害证明、用人单位提供的职业史证明等。职业史证明的内容应从开始接触粉尘作业的时间算起，尽可能包括工种、工龄、接触生产性粉尘的种类、操作方式或操作特点、每日或每月的接触时间、是否连续接触粉尘、作业场所的环境条件、防尘设施及其效果、历年作业场所粉尘浓度检测数据等。

尘肺病诊断、鉴定需要用人单位提供有关职业卫生和健康监护等资料时，用人单位应当及时、如实提供，职工和有关机构也应当提供与职业病诊断、鉴定有关的资料。职工不能提供职业史证明的，可提交劳动关系证明材料作为佐证。劳动关系证明应当以劳动合同、劳动关系仲裁或法院判决书以及用人单位自认的材料为依据。

2. 注意利用职业健康监护档案

职业健康监护档案是职工健康监护全过程的客观记录资料，是系统地观察职工健康状况的变化、评价个体和群体健康损害的依据。职业健康监护档案由用人单位建立和保存。

职业健康监护档案内容包括：职工的职业史、既往史、职业病危害接触史；作业场所的粉尘种类、浓度等监测结果；职业健康检查结果及处理情况；职业病诊断等资料。

职工有权查阅、复印本人的职业健康监护档案。用人单位应当如实、无偿提供档案的复印件并在所提供的复印件上签章。职工离开原单位时，应当索要个人的健康监护档案复印件（原件由用人单位长期保存），并妥善保管好健康监护档案的所有资料，以备发生纠纷后留作证据，维护自身的合法权益。

3. 确诊为尘肺病后的注意事项

尘肺病的纤维化是不可逆的病变，目前还没有一种根治的办法。因此，已经诊断为尘肺病者，应脱离接触粉尘，要尽力维护患者的身体健康状态。

（1）一般来说，症状不多也没有并发症的尘肺病人不需要住院，自己注意养成健康的生活习惯，并进行合理适度的保健锻炼，就可以正常地生活。首先病人不能吸烟，吸烟可加重病情；要预防感冒，注意气候变化及时调整穿衣及户外活动；要适度地锻炼，如打太极拳、深呼吸等，做一点力所能及的体力活动，可增加免疫力。

（2）预防并发症。矽肺的常见和主要的并发症是肺部感染、结核、气胸、肺心病。预防感冒，特别是冬季不要感冒，在感冒流行期不要到人员过于集中的地方，可有效地预防和减少肺部感染的机会；不要密切接触结核病人；保持大便通畅，不要突然过分用力；咳嗽时要及时治疗，避免用力咳嗽，可预防和减少气胸的发生。

（3）及时治疗并发症。有肺部感染、肺心病心功能不全、合并结核病时，必须及时到医院治疗；突然发生气胸，必须立即到医院治疗。

这里特别需要注意的是，如果确诊为尘肺病，患者以前如果吸烟的话，应该戒烟。因为吸烟能加重尘肺病人的症状，增加各种并发症。据研究，接尘工人吸烟与接尘在引起慢性支气管炎上有相加作用。吸烟会加重矽肺肺心病的病情，停止吸烟可减轻肺功能的减退。因此，要说服尘肺病患者改变吸烟的不良习惯。

4. 尘肺病患者的肺灌洗治疗

肺灌洗是针对尘肺病人一直存在的粉尘性和巨噬细胞性肺泡炎而采取的治疗措施。研究表明，尘肺病一旦形成后，肺内残留粉尘继续与肺泡巨噬细胞作用，这是尘肺病虽然脱离粉尘作业环境，但病变仍然继续发展升级的主要原因。如能早期进行肺灌洗，排出病人肺泡内沉积的煤矽粉尘和大量的能分泌致纤维化介质的尘细胞，不仅可以明显改善症状，而且有利于遏制病变进展，延缓病期升级。对X光胸片尚未出现病变的接尘工人及可疑尘肺工人进行肺灌洗，可防止其发病或推迟其发病时间。

通过肺灌洗清除肺内残留的部分粉尘和尘细胞，可遏制和延缓病变升级，但不解决肺间质中的粉尘和已经纤维化的病变，肺灌洗不能使尘肺病变逆转，所以诊断和待遇都不变。

☆**事故案例：**

事故案例之一：在金矿开采作业中患上了尘肺病

1992年11月，杨春林在亲友的介绍下，从老家巴中来到位于陕西潼关的一个个体金矿打工。杨春林的这位亲友是个小包工头。在来到金矿的最初几年里，杨春林没有进矿洞采矿，而是在矿洞外背矿石。那几年，因为有亲友的关照，杨春林虽说辛苦，但收入也不低。后来，亲友承包的矿洞越来越不景气。

2002年，杨春林换了一个金矿打工，开始进洞背矿石。杨春林说，矿洞内空间很小，又没有通风口，里面粉尘很大，干活时有时1 m以内的两个人都互相看不见，下班后走出矿洞，嘴、鼻子、耳朵里都是灰，吐痰都会吐出泥块。

2004年7月，经老乡介绍，杨春林到另一个金矿当了一名安全员。这个金矿的老板也是杨春林的老乡，因此对杨春林很不错。为了不辜负老板的厚爱，也为了对得起自己的那份工资，杨春林每班都“盯”在现场，生怕出事故。

杨春林说，他觉得自己得尘肺病与当安全员的经历有关。为了防止出事故，杨春林每班都和矿工们一道工作在粉尘弥漫的采矿面。矿工们打钻，他给看护顶板；放过炮，他先去查看通风好不好，生怕烟尘熏倒人。但是矿上从没有给他和其他矿工发过任何劳动防护用品，吃亏就吃在这上面。

2008年年初以来，杨春林开始感到呼吸困难，全身乏力。感到情况不好的他赶紧到医院检查，医生说他已是尘肺Ⅱ期患者。查出尘肺病之后，杨春林本想着新农村合作医疗能为他报销一部分医疗费，但到市里一问，农村合作医疗办公室的工作人员告诉他，尘肺病属于职业病范围，不在新农村合作医疗保险范围内，让他找曾经工作过的企业索赔。杨春林说，索赔？去哪儿索赔？这些年，他先后在八九个金矿干过，找谁索赔？当初到矿上干活的时候，只想着有工作就行了，哪里会想那么多。没有想到的结果就是，本想出来打工挣些钱，可是钱没挣到，还把身体弄坏了，今后的日子不知道如何度过。

事故案例之二：一个尘肺病矿工的生命之痛

姜天明的一生可以用“苦难”来形容。姜天明是四川省西昌市冕宁县的农民，小时候因家境贫困，只念到小学二年级便辍学。1992 年，13 岁的姜天明同村里的大人一起外出打工，这一干就是 13 年。1992—2005 年，他曾在建筑工地、小煤窑等多处打工，因时间相距较长，工作地方较多，他当时年龄较小，文化程度又低，多数已不记得具体工作地点和名称，只记得 2003—2005 年是在一家个体金矿（现已关闭）打工 2 年。13 年打工生涯，没有一家企业与他签订过劳动合同。

姜天明工作过的个体矿山工作环境都很差。仗着年轻力壮，在没有任何防护措施和防护用具的情况下，姜天明每天都工作 8 个多小时，下班后吐的痰都是灰白色的。每天从井下上来，他从头到脚全是白的，用他自己的话说：“比女人抹的粉还厉害。”

2006 年初，姜天明感觉胸部憋闷，像有块石头压住一样，咳嗽，喘气费力，经常感冒，干活没有力气。因诊断不力，自己又不懂尘肺病知识，一直当做感冒或肺部感染治疗。到了5月，他的病情加重，呼吸困难，晚上睡觉常被憋醒，有时竟不能平卧睡觉。2006年6月，他在附近一家医院治疗时，医生告诉他患上了尘肺病，这一年，姜天明只有26岁。从此，他四处求医，花光了家里的积蓄，还借了不少外债，但病情始终不见好转。此时，身高1.7米的姜天明，体重已由生病前的75公斤下降到了不足55公斤。跪坐在病床上，身体瘦弱，面色苍白，说话有气无力，含糊不清，让人无法相信他还不到30岁。

几年来，姜天明因治病欠下的债务已达十几万元，亲戚也都被他的病拖累得家庭困难。为了不再拖累亲戚，姜天明办理了个人小额贷款4万元用于治病。然而面对巨额的债务，姜天明又无劳动能力，眼见治愈无望，2008年4月底，妻子离他而去，上小学的女儿只得由岳父和岳母照顾。现在，姜天明每天由年过八旬的父母搀扶着到村卫生所输液消炎。他常常跪卧着问别人：我还能活过今年吗?

讨论题：

1. 生产性粉尘的来源与分类有哪些?
2. 生产性粉尘对人体的危害包括哪几个方面?
3. 尘肺病有哪些特点?
4. 容易患尘肺病的行业、工种与场所有哪些?
5. 尘肺病患者的主要症状有哪些?
6. 尘肺病有没有传染性?
7. 矽肺病的主要症状有哪些?
8. 煤工尘肺主要症状有哪些?
9. 电焊工尘肺的主要症状有哪些?
10. 粉尘作业的个人卫生保健措施有什么要求?

11. 如何正确选择防尘口罩？

12. 哪些人不适合从事粉尘作业？

13. 职业健康检查与一般检查有什么区别？

第四章　工业毒物职业危害与防治知识

在现代工业生产以及农业生产过程中，不可避免地接触到各种化学物质，如果处置不当或者保护不当，就有可能发生因为过量吸收生产性毒物而引起中毒，这被称为职业中毒。生产性毒物在生产中应用广泛，品种繁多，我国的《职业病目录》中公布了56种职业中毒，涉及的毒物如铅、汞、氯气、硫化氢、苯、甲苯、汽油、有机磷农药以及放射性物质铀等。在生产过程中，开采提炼、使用、储存、运输等环节都可能接触到毒物，如果防护措施不当，毒物就有可能通过呼吸道、皮肤进入人体引起中毒。

第一节　生产性毒物与职业中毒知识

一、生产性毒物分类、来源与接触机会

生产过程中形成或应用的各种对人体有害的化学物，称为生产性毒物。生产性毒物的分类方法很多，按其生物作用可分为神经毒、血液毒、窒息性毒及刺激性毒等；按其化学性质可分为金属毒、有机毒、无机毒等；按其用途可分为农药、食品添加剂、有机溶剂、战争毒剂等。

1. **生产性毒物的分类**

生产性毒物的分类很多，按其化学成分可分为金属、类金属、非金属、高分子化合物毒物等；按物理状态可分为固态、液态、气态毒物；按毒理作用可分为刺激性、腐蚀性、窒息性、神经性、溶血性和致畸、致癌、致突变性毒物等。

一般将生产性毒物按其综合性分为以下几类：

（1）金属及类金属毒物。如铅、汞、锰、镉、铬、砷、磷等。

（2）刺激性和窒息性毒物。如氯、氨、氮氧化物、一氧化碳、氰化氢、硫化氢等。

（3）有机溶剂。如苯、甲苯、汽油、四氯化碳等。

（4）苯的氨基和硝基化合物。如苯胺、三硝基甲苯等。

（5）高分子化合物。如塑料、合成橡胶、合成纤维、胶粘剂、离子交换树脂等；农药，如杀虫剂、除草剂、植物生长调节剂等。

2. **生产性毒物的来源和存在状态**

在生产过程中的以下环节容易出现毒物：

（1）原料，如制造氯乙烯所用的乙烯和氯。

（2）中间体或半成品，如制造苯胺的中间体、硝基苯。

（3）辅助材料，如橡胶行业作为溶剂的苯和汽油。

（4）成品，如农药对硫磷、乐果等。

（5）副产品或废弃物，如炼焦时产生的煤焦油、沥青。

（6）夹杂物，如某些金属、酸中夹杂的砷。

（7）其他，以分解产物或反应物形式出现的物质，如聚氯乙烯塑料制品加热至160～170℃时分解产生氯化氢，磷化铝遇湿自然分解产生磷化氢。

3. 毒物在生产环境中的形态

毒物在生产环境中有以下几种形态：

（1）固体。如氰化钠、对硝基氯苯。

（2）液体。如苯、汽油等有机溶剂。

（3）气体。即常温、常压下呈气态的物质，如二氧化硫、氯气等。

（4）蒸气。固体升华、液体蒸发或挥发时形成的，如喷漆作业中的苯、汽油、醋酸酯类等的蒸气。

（5）粉尘。能较长时间悬浮在空气中的固体微粒，其粒子大小多在 0.1～10 μm。机械粉碎、辗磨固体物质，粉状原料、半成品或成品的混合、筛分、运送、包装过程等，都能产生大量粉尘，如炸药厂的三硝基甲苯粉尘。

（6）烟（尘）。微悬浮在空气中直径小于 0.1 μm 的固体微粒。某些金属熔融时产生的蒸气在空气中迅速冷凝或氧化而形成烟，如熔炼铅所产生的铅烟，熔钢铸铜时产生的氧化锌烟。

（7）雾。为悬浮于空气中的液体微滴，多由于蒸气冷凝或液体喷洒形成，如喷洒农药时的药雾，喷漆时的漆雾。

（8）气溶胶。悬浮于空气中的粉尘、烟及雾，统称为气溶胶。

4. 人员作业中与生产性毒物的接触机会

人员在作业过程中，主要有以下一些生产操作能接触到毒物：

（1）原料的开采和提炼。在开采过程中可形成粉尘或逸散出蒸气，如锰矿中的锰粉，汞矿中的汞蒸气；冶炼过程中产生大量的蒸气和烟，如炼铅。

（2）材料的搬运和储藏。固态材料产生的粉尘，如有机磷农药；液态有毒物质包装泄漏，如苯的氨基、硝基化合物；储存气态毒物的钢瓶泄漏，如氯气等。

（3）材料加工。原材料的粉碎、筛选、配料，手工加料时导致的粉尘飞扬及蒸气的逸出，不仅污染操作者的身体和地面，还能成为二次毒源。

（4）化学反应。某些化学反应如果控制不当，可发生意外事故，如放热产气反应过快，可发生满锅，使物料喷出反应釜，易燃、易爆物质反应控制不当可发生爆炸，反应过程中释放出有毒气体等。

（5）操作。成品、中间体或残余物料出料时，物料输送管道或出料口发生堵塞，工人进行处理时；成品的烘干、包装以及检修设备时，都可能有粉尘和有毒蒸气逸散。

（6）生产中应用。在农业生产中喷洒杀虫剂，喷漆中使用苯作稀释剂，矿山掘进作业使用炸药等，如果用法不当就会造成污染。

（7）其他。有些作业虽未使用有毒物质，但在特定情况下亦可接触到毒物以致发生中毒，如进入地窖、废弃巷道或地下污水井时发生硫化氢、一氧化碳中毒等。

二、生产性毒物对人体的危害

生产性毒物对人体的危害是造成职业中毒，常见的职业中毒分为急性中毒、慢性中毒和亚急性中毒。急性中毒是由于生产过程中有毒物质短时间内或一次大量进入人体而引起的中毒，大多数是由于生产事故造成的。慢性中毒是由于在生产过程中长期过量接触有毒物质引起的中毒，这是生产中最常见的职业中毒，主要由于相应的防护措施缺乏或不当造成。亚急性中毒是介于急性和慢性之间的中毒，往往接触毒物数周或数月可突然发病。

1. 生产性毒物进入人体的途径

生产性毒物进入人体的途径主要有以下三条：

（1）呼吸道。这是最常见和主要的途径。凡是呈气体、蒸气、粉尘、烟、雾形态存在的生产性毒物，在防护不当的情况下，均可经呼吸道侵入人体，整个呼吸道都能吸收毒物。

（2）皮肤。皮肤是某些毒物吸收进入人体的途径之一。毒物可通过不损伤皮肤的毛孔、皮脂腺、汗腺被吸收进入血液循环。

（3）消化道。在生产环境中，单纯从消化道吸收而引起中毒的机会比较少见。往往是由于手被毒物污染后，直接用污染的手拿食物吃，而造成毒物随食物进入消化道。如手工包装敌百虫等农药时，也可能引起毒物经消化道或皮肤吸收。

2. 毒物对人体的不良影响

（1）局部刺激和腐蚀作用。强酸（硫酸、硝酸）、强碱（氢氧化钠、氢氧化钾）可直接腐蚀皮肤和黏膜。

（2）阻止氧的吸收、运输和利用。一氧化碳吸入后很快与血红蛋白结合，而影响血红蛋白运送氧气；刺激性气体和氯气吸入可形成肺水肿，妨碍肺泡的气体交换，使其不能吸收氧气；惰性气体或毒性较小的气体如氮气、甲烷、二氧化碳，可因其在空气中降低氧分压而造成窒息。

（3）改变机体的免疫功能。毒物干扰机体免疫功能，致使机体免疫功能低下，易患相关疾病。

（4）集体酶系统的活性受到抑制。

（5）“三致”，即致癌、致畸、致突变作用。

3. 生产性毒物对机体毒作用的影响因素

毒物在排除的过程中，可对某些器官或组织造成损害，如经肾脏排泄的某些金属毒物（镉、汞等），可引起近曲小管损害；随唾液排泄的汞可引起口腔炎；砷经肠道排出可引起结肠炎，经汗腺排出则可引起皮炎。

生产性毒物对人体的毒作用主要受以下因素的影响：

（1）毒物的化学结构。

（2）毒物的理化特性。

（3）毒物的剂量、浓度和作用时间。

（4）毒物的联合作用。

（5）个体状态。

（6）其他环境因素和劳动强度等。

4. 进入人体的毒物的排出途径

生产性毒物侵入人体后，在体内可经过代谢转化或直接排出体外，排出毒物的途径有：

（1）呼吸道。经呼吸道进入人体的毒物，直接由呼吸道排出一部分，如一氧化碳、苯、汽油蒸气等。

（2）消化道。有些金属毒物，如铅、锰经胆汁由肠道随粪便排出一部分，粪便排出金属毒物也包括由消化道侵入而未被吸收的部分。

（3）肾脏。是毒物从体内排出的主要器官，如铅、汞、苯的代谢产物，大多数皆随尿液排出。

（4）其他。汗腺、乳腺、唾液腺均可排出一定量的毒物，如铅、汞、砷。另外指甲、头发虽不是排泄器官，但有些毒物如砷、铅、锰、汞等，也可聚集于此而后排出体外。

三、生产性毒物的防护、急救与治疗

1. 接触生产性毒物作业人员的个人防护

个体防护在防毒综合措施中起辅助作用，但在特殊场合下却具有重要作用，例如进入高浓度毒物污染的密闭容器操作时，佩戴正压式空气呼吸器就能保护操作人员的安全健康，避免发生急性中毒。应根据工作场所存在毒物的种类、浓度（剂量）情况选择适合的呼吸防护器材。每个接触毒物的作业人员都应学会使用，掌握注意事项。常用的有隔离式防毒面具、过滤式防毒面具、防毒口罩和正压式空气呼吸器等。为防止毒物沾染皮肤，接触酸碱等腐蚀性液体及易经皮肤吸收的毒物时，应穿耐腐蚀的工作服、戴橡胶手套、工作帽、穿胶鞋。为了防止眼损伤，可戴防护眼镜。

2. 职业中毒的急救和治疗原则

职业中毒的治疗可分为病因治疗、对症治疗和支持治疗三类。病因治疗的目的是尽可能消除或减少致病的物质基础，并针对毒物致病的发病机理进行处理。对症处理是缓解毒物引起的主要症状，促使人体功能恢复。支持疗法可改善患者的全身状况，使患者早日恢复健康。

（1）急性职业中毒

1）现场急救。立即将患者搬离中毒环境，尽快将其移至上风向或空气新鲜的场所，保持呼吸道通畅。若患者衣服、皮肤已被毒物污染，为防止毒物经皮肤吸收，需脱去污染的衣物，用清水彻底冲洗受污染的皮肤（冬天宜用温水）。如污染物为遇水能发生化学反应的物质，应先用干布抹去污染物后，再用水冲洗。在救治中，应做好对中毒者保护心、肺、脑、眼等的现场救治。对重症患者，应严密观察其意识状态、瞳孔、呼吸、脉搏、血压。若发现呼吸、循环有障碍时，应及时进行复苏急救，具体措施与内科急救原则相同。对严重中毒需转送医院者，应根据症状采取相应的转院前救治措施。

2）阻止毒物继续吸收。患者到达医院后，如发现现场紧急清洗不够彻底，则应进一步清洗。对气体或蒸气吸入中毒者，可给予吸氧。经口中毒者，应立即采用引吐、洗胃、导泄等措施。

3）解毒和排毒。对中毒患者应尽早使用有关的解毒、排毒药物，若毒物已造成组织严重的器质性损害时，其疗效有时会明显降低。必要时，可用透析疗法和换血疗法清除体内的毒物。

4）对症治疗。由于针对病因的特效解毒剂的种类有限，因而对症疗法在职业中毒的治疗中极为重要，主要目的在于保护体内重要器官的功能，解除病痛，促使患者早日康复，有时是为了挽救患者的生命，其治疗原则与内科处理类同。

（2）慢性职业中毒

早期常为轻度可逆性功能性病变，而继续接触则可演变成严重的器质性病变，应及早诊断和处理。中毒患者应脱离毒物接触，使用有关的特效解毒剂，如常用的金属络合剂。应针对慢性中毒的常见症状，如类神经症、精神症状、周围神经病变、白细胞降低、接触性皮炎以及慢性肝、肾病变等，进行相应的对症治疗。此外，适当的营养和休息也有助于患者的康复。

慢性中毒经治疗后，对患者应进行劳动能力鉴定，并作合理的工作安排。

3. 急性中毒的现场处理措施

急性中毒病情发展很快，现场处理是对急性中毒者的第一步处理。

（1）切断毒源，包括关闭阀门，加隔板、停车、停止送气、堵塞漏气设备，使毒物不再继续侵入人体，扩散、逸散的毒气应尽快采取抽毒或排毒，引风吹散或中和等办法处理。如氯泄漏可用废氨水喷雾中和，使之生成氯化钠。

（2）搞清毒物种类、性质，采取相应保护措施。既要抢救别人，又要保护自己，莽撞的闯入中毒现场只能造成更大损伤。

（3）尽快使患者脱离中毒现场后，松开领扣、腰带、呼吸新鲜空气。迅速脱掉被污染的衣物，清水冲洗皮肤 15 min 以上，或用温水、肥皂水清洗、注意保暖。有条件的厂矿卫生所，应立即针对毒物性质给予解毒和驱毒剂，使进入体内的毒物尽快排出。

（4）发现病人呼吸困难或停止时，进行人工呼吸（氰化物类剧毒中毒时，禁止采用口对口人工呼吸法）。有条件的立即吸氧或加压给氧，针刺人中、百会、十宜等穴位，注射呼吸兴奋剂。

（5）心脏骤停者，立即进行胸外心脏按摩，心脏注射“三联针”。

（6）发生 3 人以上多人中毒事故，要注意分类，先重者后轻者，注意现场的抢救指挥，防止乱作一团。对危重者尽快地转送医疗单位急救，在转运途中注意观察呼吸、心跳、脉搏等变化，并重点而全面地向医生介绍中毒现场的情况，以利准确无误地制订急救方案。

在急救过程中，对急性中毒者应密切观察病情，有效地对症治疗，力争最佳的治疗效果，防止产生各种后遗症。

第二节　常见生产性毒物危害与防治

一、金属及类金属毒物的危害与防治

金属及类金属毒物主要有：铅、汞（水银）、锰、镉、砷、磷等。

1. 铅及其化合物的危害与防治

铅为灰蓝色柔软的重金属，可溶于硝酸、盐酸，具有抗氧化、耐腐蚀和可塑性。当加热至400℃以上时，则有大量铅蒸气产生，在空气中氧化成一氧化铅并随着炉温升高，可氧化成不同的氧化铅。除金属铅外，在生产中接触较多的是铅化合物。工作场所空气中时间加权平均容许浓度铅尘不超过0.05 mg/m^3、铅烟不超过0.03 mg/m^3；短时接触容许浓度铅尘不超过0.15 mg/m^3、铅烟不超过0.09 mg/m^3。

铅及其化合物主要通过呼吸道和消化道进入人体，大气、饮水、食物中有微量铅进入人体。铅在人体主要以不溶性磷酸铅形式沉着蓄积于骨骼中，也有小量蓄积于脑、肝、肾及其他脏器。铅对人体各个组织器官均有毒性作用，主要损害神经、消化、造血系统。表现为口内有金属甜味，头痛、头晕、失眠、多梦、记忆力减退、乏力、食欲减退、腹胀，严重时则出现贫血、腹绞痛、肝肾损害，以及铅麻痹和中毒性脑病。

生产中接触铅烟、铅尘的行业有：铅矿开采、熔炼，

蓄电池生产，机械制造行业的制铅管、铅丝，制造工业电焊、熔割，电缆制造、仪表行业的搪锡等；接触铅化合物行业有：油漆、颜料、橡胶、玻璃搪瓷、农药、景泰蓝、塑料、半导体、中药制造业等。其中以铅矿开采、熔炼及熔铅行业职工患职业病率较高。

对从事铅矿开采及冶炼、蓄电池行业的工人，企业要进行健康检查。健康检查应包括就业前健康检查和定期健康检查。对有肝脏、肾脏疾患，血液病、神经、精神疾患者，不宜从事铅作业。对于孕妇及哺乳期妇女应暂时调离铅作业岗位。

2. 汞的职业危害及防护措施

汞为银白色液态金属，俗称水银，在常温下可挥发，洒落可形成小水珠。高温下能迅速挥发，与氯酸盐、硝酸盐、热硫酸等混合可发生爆炸。主要用于制造汞盐，仪表制造。常接触的行业和工种有工矿的开采、冶炼，食盐、烧碱和氯气的制造业，仪表的制造维修、塑料、燃料生产，金、银的提取等。工作场所空气中时间加权平均容许浓度不超过 0.02 mg/m^3，短时接触容许浓度不超过 0.04 mg/m^3。

由于汞的挥发性，工作场所主要通过呼吸道、皮肤侵入人体。主要损害神经、呼吸、消化和泌尿系统。急性中毒时有头痛、头晕、乏力、多梦、发热等全身症状，并有明显口腔炎表现。可出现食欲不振、恶心、腹痛、腹泻等。部分患者皮肤出现红色斑丘疹，少数严重者可发生间质性肺炎及肾脏损伤；慢性中毒比较常见，主要由于长期在汞污染环境中吸入汞蒸气而引起。最早出现头痛、头晕、乏力、记忆减退等神经衰弱综合征，汞毒性震颤，另外可有口腔炎，少数病人有肝、肾损伤。

人在操作过程中可能接触其蒸气时，应该佩戴防毒口罩。必要时建议佩戴自给式呼吸器，戴安全防护眼镜，穿相应的防护服，戴防化学品手套。工作现场禁止吸烟、进食和饮水。工作后，彻底清洗。单独存放被毒物污染的衣服，洗后再用。

3. 锰的职业危害及慢性中毒症状

锰是银灰色粉末，易溶于酸，是易燃固体，锰粉在受热、遇明火或接触氧化剂时会引起燃烧爆炸。

生产中接触锰的行业及工种有：用二氧化锰作原料生产高锰酸钾，用锰作氧化剂生产农药或染料，用锰作催化剂生产醋酸等；锰矿的开采及矿石的加工破碎、碾磨、筛选和包装；高炉冶炼锰铁、锰合金钢生产、锰钢的高温切割或碳弧气刨、锰合金的电焊等；用三氧化锰制造干电池、电焊条或用做玻璃着色剂。上述生产过程可产生锰烟和锰尘。

生产中主要以锰烟及锰尘的形式经呼吸道吸收而引起中毒，主要为慢性中毒，损害中枢神经系统。一般锰烟的毒性大于锰尘。除有机锰可经皮肤吸收外，其他锰化合物基本不经皮肤吸收。进入体内的锰以不溶性磷酸锰的形式蓄积于肝、肾、小肠、内分泌腺、胰、脑、骨、肌肉及毛发中。

慢性锰中毒多见于锰矿开采、锰铁冶炼、电焊及干电池作业等工种。主要表现为头痛、头晕、记忆减退、嗜睡、心动过速、多汗、两腿沉重、走路速度减慢、口吃、易激动等。重者出现“锰性帕金森氏综合征”，特点为面部呆板、无力、情绪冷淡、语言含糊不清、四肢僵直、肌颤、走路前冲、后退极易跌倒、书写困难等。

4. 镉及其化合物的职业危害与防治

镉是具有延展性、质地软的银白色金属，属微毒类致癌物，不溶于水，溶于氢氧化铵、硝酸和热硫酸。金属镉冶炼中产生镉烟雾在空气中很快转化为氧化镉气溶胶。常见的镉化合物有中等毒类的氧化镉、低毒类的硫化镉，其他还有氯化镉、硝酸镉、硫酸镉均为中等毒类。

工业上镉主要用于电镀、制造镍镉电池、制作镉黄颜料，生产合金及焊条、核反应堆的镉棒或涂在石墨棒上作中子吸收剂。塑料稳定剂中常用硬脂酸镉，在镉冶炼、应用镉及化合物生产中均有职业接触。

镉及其化合物可经呼吸道和消化道进入人体。在通风不良的环境中，进行高温切割、焊接金属或冶炼的工人常发生急性吸入镉烟雾、镉蒸气而中毒。出现眼及呼吸道症状，如流泪、结膜充血、流涕、咽痛、咽充血、咳嗽、胸闷。吸入浓度更高或接触时间长可发生化学性支气管炎、化学性肺炎、肺水肿。患者咳嗽加剧、胸痛、咳大量黏痰或粉红色泡沫痰、发绀、呼吸困难，可伴有恶心、呕吐、腹痛、腹泻等消化系统症状。长期接触低浓度镉化合物烟尘或粉尘的工人可出现慢性镉中毒，引起肾脏损害，慢性肾功能衰竭。严重慢性中毒者可损害骨骼，自觉背部和四肢疼痛，行走困难，用力压迫骨骼后有疼痛感。可见骨质疏松、骨软化、自发性骨折。如吸入中毒损害肺部，可出现肺气肿症状。

在工作场所吃饭、抽烟，镉尘、镉盐也常会经污染的手而进入人体。

预防镉及其化合物中毒的主要措施一是改善生产环境，

冶炼和使用镉的生产车间应装有排除镉烟尘的通风道，生产过程应密闭化。二是镀镉金属板在高温切割和焊接时，工人必须戴防毒面具，必须在通风良好的室外环境并在上风向操作。三是不在车间内吃饭、抽烟，下班后应换工作服、洗手。

5. 砷及其化合物的职业危害

砷及其氧化物为白色固体，在潮湿空气中易氧化，不溶于水，溶于硝酸和王水。元素砷几乎无毒，但其氧化物及砷酸盐毒性强。工作场所空气中时间加权平均容许浓度不超过 0.01 mg/m^3，短时接触容许浓度不超过 0.02 mg/m^3。按职业性接触毒物危害程度分级，砷及其化合物属于一级毒物，即极度危害毒物。

接触砷及其化合物的作业有：冶炼和焙烧各种夹杂砷化物矿石的作业，接触砷蒸气及三氧化二砷或砷化氢，生产和使用含砷农药的作业，生产和使用含砷颜料的作业，制药、无线电、玻璃、毛皮工业中使用砷化物的作业，接触砷化氢的作业，如有氢和砷同时存在时可产生砷化氢的作业，酸处理含砷金属制品、金属电解、蓄电池充电、检修冶炼炉等作业。

职业性中毒主要是吸入砷的氧化物和砷酸盐粉尘所致，主要损害皮肤、肝、呼吸系统和神经系统。长期接触低浓度的砷化物粉尘和气体，可发生慢性中毒，表现为头痛、头昏、失眠、多梦、乏力、皮炎、色素沉着、消化不良、肝区不适，重者出现肝硬化、肢体运动障碍或瘫痪。长期过量接触致皮肤癌和肺癌。

6. 磷及其化合物的职业危害

磷的单体有三种同素异形体：黄磷、赤磷和黑磷。一般说到磷主要指黄磷，又称白磷，为无色至淡黄色的蜡状固体，有大蒜臭味，在空气中容易自燃，故只能在水中保存。黄磷属剧毒，赤磷和黑磷的毒性很小。

黄磷是从磷矿石中提取的，在生产车间，精制工、炉前工、包装工等工种会接触到黄磷。此外，赤磷生产、热法磷酸生产，以及生产和使用三氯化磷、五氯化磷、三氯氧磷、五硫化二磷等的企业，均有可能发生慢性磷中毒。磷及其无机化合物广泛用于农药、军事、电子、化肥、制药、磷合金的制造行业，这些行业也可能发生中毒。

黄磷燃烧时产生大量白色烟雾，其主要成分为五氧化二磷、磷蒸气、磷化氢、三氧化二磷等。长期吸入黄磷烟雾会引起慢性中毒。黄磷不溶于水，易溶于脂肪，故黄磷接触皮肤或烧伤时，容易通过皮肤吸收。赤磷不溶于水和脂肪，无毒，但赤磷燃烧时所产生的烟雾，其化学成分与黄磷一样，可致中毒。长期接触三氯化磷、五氯化磷、三氯氧化磷、五硫化二磷等，亦可引起慢性中毒。

生产中磷及其化合物主要以蒸气、粉尘经呼吸系统进入体内，也可经灼伤的皮肤侵入人体。慢性黄磷中毒，主要引起以牙周组织和下颌骨病变，同时常伴有神经衰弱综合征、呼吸道黏膜炎症，重症可有肝、肾功能损害。中毒表现为头晕、头痛、恶心、食欲不振、肝区疼痛、乏力，重者可发生黄疸、尿血、少尿、无尿，长期过量接触会出现鼻咽干燥、牙龈肿痛、下颌骨损害。直接接触可引起皮肤、眼睛严重灼伤。

生产现场预防措施主要是：黄磷必须存放于水中，严防黄磷露出水面或散落于地面，减少黄磷燃烧所产生的烟雾。黄磷及其无机化合物的生产和使用时应加强密闭、通风，严防跑、冒、滴、漏。接触的工人要注意口腔卫生，勤刷牙，及时治疗口腔疾病。工作时佩戴防护口罩、眼镜、手套等，减少毒物吸入和接触，防止黄磷烧伤。

二、刺激性和窒息性毒物的危害与防治

刺激性和窒息性毒物主要有氯、氨、氮氧化物、一氧化碳、氰化氢、硫化氢等。

1. 氯气的用途与中毒危害

氯气为黄绿色有刺激性气味的气体，易溶于水、碱液。在日光下与易燃气体混合时会发生燃烧爆炸。

氯气的工业用途很广，常作为化工原料合成多种无机、有机、高分子化合物。此外还用于化工、冶金、石油、造纸、纺织、制革、橡胶等工业生产，作为氧化剂、杀菌剂、防腐剂、漂白剂。工作场所空气中氯气的最高容许浓度不超过 1 mg/m^3。

氯气对眼、呼吸系统、黏膜有刺激作用。急性氯气中毒是吸入氯气所致的以急性呼吸系统损害为主的疾病，是常见的急性职业中毒之一。冶金、造纸、纺织、印染、制药、颜料、农药、漂白粉制造、饮水消毒等行业生产、运输或使用氯气时，发生意外事故均可造成急性中毒。急性中毒轻度者出现黏膜刺激症状：眼红、流泪、咳嗽；中度者出现支气管炎和支气管肺炎表现，病人胸痛、头痛、恶心、较重干咳、呼吸及脉搏增快，可有轻度紫绀等；重度者出现肺水肿，可发生昏迷和休克。有时发生喉头痉挛和水肿，造成窒息。还可引起反射性呼吸抑制，发生呼吸骤停死亡。慢性中毒是长期低浓度接触，可引起慢性支气管炎、支气管哮喘和肺水肿。

2. 氨气的用途与中毒危害

氨为无色有刺激性恶臭的气体，易溶于水、乙醇、乙醚，与空气混合后遇明火可发生爆炸。氨在常温下受压可液化，成为无色液体。

经常接触氨气的行业和工种有：冷库、化肥、制药、塑料、合成纤维、石油精炼等。工作场所空气中氨气的时间加权平均容许浓度不超过 20 mg/m^3，短时接触容许浓度不超过 30 mg/m^3。

氨可经呼吸道进入人体，主要损害呼吸系统。低浓度氨对黏膜有刺激作用，高浓度可造成组织溶解性坏死，引起化学性肺炎及灼伤。急性中毒时：轻度者表现为皮肤、黏膜的刺激反应，出现鼻炎、咽炎、气管及支气管炎，可伴有眼角膜和皮肤灼伤；重度者出现喉头水肿、声门狭窄、呼吸道黏膜细胞脱落、气道阻塞而窒息，可有中毒性肺水肿和肝损伤。氨可引起反射性呼吸停止。如氨溅入眼内，可致晶体混浊、角膜穿孔，甚至失明。

生产中若发生泄漏事故，要迅速将泄漏污染区人员撤离至上风处，并隔离直至气体散尽，切断火源。建议应急处理人员穿戴正压自给式呼吸器，穿专用化学防护服（完全隔离）。高浓度泄漏区要切断气源，喷含盐酸的雾状水中和、稀释、溶解，然后抽排（室内）或强力通风（室外）。也可以将残余气或漏出气用排风机送至水洗塔或与塔相连的通风橱内。漏气容器不能再用，且要经过技术处理以清除可能剩下的气体。储区（罐）最好设稀酸喷洒（雾）设施。

3. 二氧化硫的主要危害

二氧化硫为无色、有刺激性气味的有毒气体，密度比空气大，易液化，易溶于水。空气中浓度超标时，必须佩戴防毒面具。

接触二氧化硫的工种主要为燃烧含硫的燃料、熔炼硫化矿石、烧制硫黄、制造硫酸和亚硫酸，生产杀虫剂、杀菌剂、漂白剂和还原剂。工作场所空气中二氧化硫的最高容许浓度不超过 15 mg/m^3。

二氧化硫易被湿润的黏膜表面吸收生成亚硫酸、硫酸。对眼及呼吸道黏膜有强烈的刺激作用。大量吸入可引起肺水肿、喉水肿、声带痉挛而致窒息。急性中毒轻度时，发生流泪、畏光、咳嗽，咽、喉灼痛等呼吸道及眼结膜刺激症状；严重中毒可在数小时内发生肺水肿；极高浓度时可引起反射性声门痉挛而致窒息。长期接触二氧化硫可致慢性中毒，可有头痛、头昏、乏力等全身症状以及慢性鼻炎、支气管炎、嗅觉及味觉减退、肺气肿等；少数工人有牙齿酸蚀症。

4. 氮氧化合物中毒危害与预防措施

氮氧化物通常包括一氧化氮、二氧化氮、三氧化二氮、四氧化二氮和五氧化二氮等，生产环境中以几种氮氧化物混合气体存在时，称为硝烟。除二氧化氮性能稳定外，其他氮氧化物遇光、湿、热均变成一氧化氮和二氧化氮，一氧化氮而后又变成二氧化氮。生产中主要接触二氧化氮（常温下与四氧化二氮混合存在），系红棕色气体，较难溶于水且具有刺激性气味。

煤矿、非煤矿山、采石场、隧道爆破作业、汽车火车内燃机、发电厂锅炉、火炮射击都会产生不同量的氮氧化物，达到一定浓度即可造成中毒损伤。电焊、氩弧焊、气焊、气割及电弧发光时产生的高温能使空气中氮和氧结合生成氮氧化物。青饲料及谷仓内，因植物含硝酸钾，在缺氧情况下发酵生成亚硝酸钾，与植物中存在有机酸作用生成亚硝酸，当仓内升温时，亚硝酸分解成氮氧化物。人员进入仓内长时间停留发生中毒，称“青饲料仓病”（或称谷仓病）。工作场所空气中二氧化氮的最高容许浓度不超过 5 mg/m^3。

接触氮氧化物的工种有：制造硝酸、硝基炸药、硝化纤维、苦味酸等；利用硝酸进行零件酸洗；苯胺染料的重氮化过程；焊接、气割及电弧发光操作等。

氮氧化物被吸入后主要作用于深呼吸道，损害肺部。轻度中毒出现胸闷、咳嗽、咯痰等，伴有轻度头昏、头痛、无力、心悸、恶心等症状。中度中毒表现为呼吸困难、胸部紧迫感、咳嗽加剧，咳痰或咳血丝痰，轻度紫绀，常伴头晕、头痛、无力、心悸、恶心等症状；重度中毒呼吸窘迫、咳嗽加剧、咳大量白色或粉红色泡沫痰，明显紫绀，并发较重程度的气胸、纵膈气肿，甚至窒息。特别要注意会出现迟发性阻塞性毛细支气管炎。

长期低浓度吸入氮氧化物气体，可引起支气管炎和肺水肿。

预防氮氧化物中毒，要求凡是制造和应用硝酸的生产场所，除了加强密闭外，还应当有充分的抽风排毒设备。对进入可能存在氮氧化物的场所及在狭小不通风的空间进行电焊等工作的，应有局部抽风设施，必要时应戴能供给新鲜空气的防护面罩。

5. 一氧化碳的中毒症状

一氧化碳是无色无臭气体，微溶于水，溶于乙醇、苯等多数有机溶剂。具有易燃的特性。主要用于化学合成，如合成甲醇、光气等，也可用做精炼金属的还原剂。一氧化碳可经呼吸道进入人体，主要损害神经系统，在血中与血红蛋白结合而造成组织缺氧。

生产中冶炼车间通风不好，发动机废气和火药爆炸都含大量一氧化碳。工业上炼钢、炼铁、炼焦；化学工业合成氨、甲醛等化工原料制造，化学肥料、染料制造，碳素及石墨制品业的碳素煅烧焙烧、电极制造都要接触一氧化碳。工作场所空气中一氧化碳的时间加权平均容许浓度不超过 20 mg/m^3，短时接触容许浓度不超过 3 mg/m^3。

发生急性中毒事故，轻度中毒者出现头痛、头晕、耳鸣、心悸、恶心、呕吐、无力；中度中毒者除上述症状外，还有面色潮红、口唇樱红、脉快、烦躁、步态不稳、意识模糊，可有昏迷；重度患者昏迷不醒、瞳孔缩小、肌张力增加、频繁抽搐、大小便失禁等；深度中毒可致死。若长期反复吸入一定量的一氧化碳可致神经和心血管系统损害。

当人们意识到已发生一氧化碳中毒时，往往为时已晚。因为支配人体运动的大脑皮质最先受到麻痹损害，使人无法实现有目的的自主运动。此时，中毒者头脑中仍有清醒的意识，也想打开门窗逃出，可手脚已不听使唤。所以，一氧化碳中毒者往往无法进行有效的自救。

在日常生活中，家庭用火做饭取暖、洗澡、使用车载空调时缺乏预防措施，是导致一氧化碳中毒的主要原因。

(1) 取暖和做饭。冬季人们在房间内用煤炉做饭、取暖，煤的不完全燃烧和排烟不良或因大风吹进烟囱，使煤气逆流入室，使用劣质蜂窝煤等，都会产生大量有害气体一氧化碳。因此，居室内煤火炉要安装烟囱，烟囱结构要严密，经常检查避免堵塞不通。吃火锅用木炭时，一定要注意室内通风，以防一氧化碳中毒。

（2）洗澡。很多居民一氧化碳中毒的原因往往是家中热水器的安装不规范，如将燃气热水器安装在浴室内。其中直排式热水器在水压较低时容易出现“空烧”现象，如果不及时处置，就会造成安全隐患，必须安装在室外（如阳台等），以便空气流通。在洗澡时，注意开窗通风，一旦发现异常情况，立即停止使用。

（3）使用车载空调。小轿车基本上都带有空调设备，当发动机在怠速空转时，因为燃烧不充分，往往会产生含大量一氧化碳的废气，如车窗完全密闭，时间一长，车内氧气逐渐减少，乘员便会不知不觉中毒而失去知觉，严重时会丧失生命。驾驶或乘坐空调汽车如感到头晕、发沉、四肢无力时，应及时开窗呼吸新鲜空气，并且在排除晕车和其他病因的前提下，应判断是一氧化碳中毒。此时应停车，下车休息片刻，待身体恢复正常后再驾车。

6. 硫化氢的危害与预防措施

硫化氢是无色有臭鸡蛋气味的气体，溶于水、乙醇，与空气混合能形成爆炸性混合物，遇明火、高热能引起燃烧爆炸，对金属有强腐蚀性。

采矿、冶炼、甜菜制糖，制造二硫化碳、有机磷农药，以及皮革、硫化染料、颜料、动物胶等工业中都有硫化氢产生。硫化氢比重比空气大，易积聚在通风不良的城市污水管道、窨井、化粪池、污水池、纸浆池以及其他各类发酵池和蔬菜腌制池等低洼处。工作场所空气中硫化氢的最高容许浓度不超过 10 mg/m^3。

硫化氢属窒息性气体，主要损害中枢神经、呼吸系统，刺激黏膜。表现为流泪、畏光、眼刺痛、咽喉部灼热感、咳嗽、胸闷、头痛、头晕、恶心、呕吐、乏力，重者抽搐、呼吸困难。吸入高浓度硫化氢可立即昏迷、猝死。

硫化氢浓度在 0.4 mg/m^{3}时，人能明显嗅到硫化氢的臭味；70～150 mg/m^{3}时，可引起眼结膜炎、鼻炎、咽炎、气管炎，吸入数分钟即发生嗅觉疲劳而闻不到臭味，浓度越高嗅觉疲劳越快，越容易使人丧失警惕；超过 760 mg/m^{3}时，短时间内即可发生肺水肿、支气管炎、肺炎，可能引起生命危险；超过 1 000 mg/m^3，可致人发生电击样死亡。长期接触低浓度的硫化氢，引起神衰症候群及植物神经紊乱等症状。

硫化氢对金属具有很强的腐蚀性，因此生产设备要定期检修、更换。

作业人员进入含有毒有害气体的作业场所前，要采取强制通风置换等措施，经过检测合格。作业人员要戴好防毒面具，系好救护带，熟悉应急预案、逃生路线和人工急救方法。

凡进入坑、池、罐、釜、沟、井下、管道等存在或可能存在硫化氢气体的密闭空间、通风不畅的场所进行作业的，都应制定作业许可程序、作业安全规程、安全措施和应急预案，明确作业负责人、作业人员和外部监护人员的职责；不得将进入井下、沟池、管道等有可能产生硫化氢等有毒气体的场所的清淤作业项目发包给不具备有关条件的单位和个人。

对可能产生硫化氢等有毒气体的场所必须悬挂防中毒警示标志，安装硫化氢等有毒气体检测报警仪。要把作业现场的危险因素告知作业人员，作业现场应具有对有害气体浓度、氧含量等进行检测的手段。要为作业人员配备便携式报警仪、满足实际需要的氧气呼吸器或长管呼吸器，配备救护带、救护索等防护设施。

三、有机溶剂的危害与防治

1. 苯中毒的症状与注意事项

苯在常温下为无色、有甜味的透明液体，并具有强烈的芳香气味。可燃，有毒，为致癌物。苯难溶于水，易溶于有机溶剂，本身也可作为有机溶剂。遇热、明火易燃烧爆炸。工作场所空气中苯的时间加权平均容许浓度不超过 6 mg/m^3，短时接触容许浓度不超过 10 mg/m^3。

苯在工业上最重要的用途是作溶剂和石油化工基本原料，接触可经过呼吸道、皮肤进入人体，主要损害神经和造血系统。

短期大量接触苯对人的中枢神经系统产生麻痹作用，引起急性中毒；重者会出现头痛、恶心、呕吐、神志模糊、知觉丧失、昏迷、抽搐等；严重者会因为中枢系统麻痹而死亡。少量苯也能使人产生睡意、头昏、心率加快、头痛、颤抖、意识混乱、神志不清等现象，可引起头痛、头晕、恶心、呕吐、嗜睡、步态不稳，重者发生抽搐、昏迷。

长期过量接触可引起慢性中毒，出现神经衰弱综合征，造血系统改变，使人体白细胞、血小板、红细胞减少，重者导致再生障碍性贫血、白血病。

与苯有关的生产场地，应加强通风和排毒，安装全面通风设施，及时输入新鲜空气。对于局部挥发苯的场所，如喷漆、浸漆槽旁应当安装排风罩等设施。生产中采用无毒或低毒的溶剂代替含苯高的胶粘剂，严禁使用氯丁胶。

2. **甲苯、二甲苯的危害与注意事项**

甲苯、二甲苯为无色易挥发的液体，有芳香气味，低毒，不溶于水，溶于乙醇、乙醚和丙酮，易燃，其蒸气与空气可形成爆炸性混合物。遇明火、高热极易燃烧爆炸。与氧化剂能发生强烈反应。流速过快，容易产生和积聚静电。其蒸气比空气重，能在较低处扩散到相当远的地方，遇明火会引着回燃。

甲苯、二甲苯的生产多从煤焦油或石油裂解产生，在工业上主要用于油漆、涂料、胶水的有机溶剂，也可制造糖精、染料、药物和炸药等。

生产中甲苯主要通过呼吸系统、皮肤吸入人体，对皮肤、黏膜有刺激性，对中枢神经系统有麻醉作用。

甲苯、二甲苯毒性小于苯，但刺激症状比苯严重，吸入可出现咽喉刺痛感、发痒和灼烧感；刺激眼黏膜，可引起流泪、发红、充血；溅在皮肤上局部可出现发红、刺痛及疱疹等。重度甲苯中毒后，或呈躁动不安，哭笑无常的兴奋状；或呈嗜睡、木僵等压抑状，严重的会出现虚脱、昏迷。长期接触可发生神经衰弱综合征、肝肿大、女工月经异常、皮肤干燥、皲裂、皮炎等慢性中毒症状。

甲苯、二甲苯为一级易燃物，其蒸气与空气的混合物具爆炸性。发生爆炸起火时，冒出黑烟，火焰沿地面扩散。进入现场，眼睛、咽喉会感到刺痛、流泪、发痒，并可闻到特殊的芳香气味。

3. **正己烷中毒症状与注意事项**

正己烷是无色液体，有微弱的特殊气味，属低毒类。不溶于水，溶于乙醇、乙醚等多数有机溶剂。其蒸气与空气形成爆炸性混合物，遇明火、高热极易燃烧爆炸。与氧化剂接触发生强烈反应，甚至引起燃烧。其蒸气比空气重，能在较低处扩散到相当远的地方，遇火源引着回燃。

工业上主要用于有机合成，用做溶剂、化学试剂、涂料稀释剂、聚合反应的介质等。

正己烷有麻醉作用和皮肤黏膜刺激作用，职业中毒主要是呼吸道吸入引起，长期接触可致周围神经炎。急性中毒接触后出现头痛、头晕、恶心，重者引起神志丧失甚至死亡。对眼和呼吸道有刺激作用。慢性中毒则出现头痛、头晕、乏力、胃纳减退；其后四肢远端逐渐发展成感觉异常、麻木，触、痛、振动和位置等感觉减退。进一步发展为下肢无力，肌肉疼痛等。

4. 汽油中毒症状与注意事项

汽油是无色或淡黄色易挥发液体，具有特殊气味。不溶于水，易溶于苯、二硫化碳、醇，易溶于脂肪。其蒸气与空气形成爆炸性混合物，遇明火、高热极易燃烧爆炸。与氧化剂能发生强烈反应。其蒸气比空气重，能在较低处扩散到相当远的地方，遇明火会引着回燃。

汽油主要用做汽油机的燃料，用于橡胶、制鞋、印刷、制革、颜料等行业，也可用做机械零件的去污剂。生产操作中主要以蒸气形式经呼吸道吸入体内，也可因口吸油管不慎将汽油吸入引起中毒。

汽油主要损害中枢神经系统。急性中毒症状有头晕、头痛、恶心、呕吐、步态不稳、共济失调。高浓度吸入出现中毒性脑病。极高浓度吸入引起意识突然丧失、反射性呼吸停止及化学性肺炎，可伴有中毒性精神病状。液体吸入呼吸道可致吸入性肺炎。若溅入眼内，可致角膜溃疡、穿孔，甚至失明。皮肤接触可致急性接触性皮炎或过敏性皮炎。急性经口中毒可引起急性胃肠炎，重者出现类似急性吸入中毒症状。慢性中毒表现为神经衰弱综合征、植物神经功能紊乱以及肢端麻木等。

5. **四氯化碳中毒症状与注意事项**

四氯化碳又叫四氯甲烷，为无色、易挥发、不易燃的液体。具氯仿的微甜气味。微溶于水，可与乙醇、乙醚、氯仿及石油醚等混溶。遇火或炽热物可分解为二氧化碳、氯化氢、光气和氯气等。

四氯化碳用途广泛，主要作为化工原料，用于制造氯氟甲烷、氯仿和多种药物；作为有机溶剂，性能良好，用于油、脂肪、蜡、橡胶、油漆、沥青及树脂的溶剂；也用做灭火剂、熏蒸剂，以及机器部件、电子零件的清洗剂等。在其生产制造及使用过程中，均可有四氯化碳的接触。

四氯化碳具有麻醉作用，是典型的肝脏毒物。可通过呼吸道、消化道、皮肤的吸收引起中毒。高浓度时，首先是中枢神经系统受损，随后祸及肝、肾；而低浓度长期接触则主要表现肝、肾受损，还可引起严重心律失常。

急性中毒潜伏期一般为1～3天，也有短至数分钟者。主要症状：有头晕、头痛、乏力、精神恍惚、步态蹒跚、短暂意识障碍或昏迷等。极高浓度吸入时，可迅速出现昏迷、抽搐，甚至突然死亡。吸入中毒者常伴有眼及上呼吸道刺激症状。有时可引起肺水肿。

口服中毒时则有恶心、呕吐、食欲减退、腹痛、腹泻及黄疸、肝大、肝区压痛、肝功能异常等中毒性肝病征象。严重者可发生暴发性肝功能衰竭。严重者出现少尿、无尿等急性肾功能衰竭表现。少数中毒者可有心肌损害、心律失常。

慢性中毒是长期反复接触四氯化碳引起，可有头晕、乏力、失眠、记忆力减退、食欲不振、恶心、腹泻和腹痛等。可有肝大、肝功能异常，严重者可发展为肝硬化。少数视力减退。皮肤长期接触，可因脱脂而出现干燥、脱屑和皲裂等。

四、其他常见有毒物的危害与防治

1. 甲醇中毒的症状

甲醇为无色透明液体，略有酒精气味，易挥发。溶于水，可混溶于醇、醚等多数有机溶剂。其蒸气与空气形成爆炸性混合物，遇明火、高热能引起燃烧爆炸。与氧化剂能发生强烈反应。其蒸气比空气重，能在较低处扩散到相当远的地方，遇火源引着回燃。

甲醇为重要的化工原料，用于制造甲醛、纤维素、甲基化反应，用做防冻剂、萃取剂、橡胶加速剂，亦可作染料、树脂、人造革、火漆薄膜、玻璃纸、喷漆等溶剂，以及油漆、颜料去除剂、有机合成的中间体等，也可用做燃料、焊剂。工作场所空气中甲醇的最高容许浓度不超过 $50\ mg/m^3$。

甲醇可经消化道、呼吸道或皮肤摄入产生毒性反应，对人体的神经系统和血液系统影响最大。职业性甲醇中毒是一般由于生产中吸入甲醇蒸气所致。甲醇蒸气能损害人的呼吸道黏膜和视力。急性中毒症状有头疼、恶心、胃痛、疲倦、视力模糊以至失明，继而呼吸困难，最终导致呼吸中枢麻痹而死亡。慢性中毒反应为眩晕、昏睡、头痛、耳鸣、视力减退、消化障碍。

2. 三硝基甲苯中毒的症状

三硝基甲苯俗称黄色炸药，又简称 TNT，黄色液体或结晶不溶于水，溶于乙醇，可混溶于乙醚（难溶于水、乙醇、乙醚，易溶于氯仿、苯、甲苯、丙酮）。遇明火、高热或与氧化剂接触，有引起燃烧爆炸的危险。受高热分解放出有毒的气体。

三硝基甲苯作为炸药，广泛应用于国防、采矿、开凿隧道，在粉碎、过筛、配料、包装等生产过程中，均可产生大量粉尘及蒸气。工作场所空气中最高容许浓度不超过 5 mg/m^3。

三硝基甲苯蒸气或气溶胶对眼睛、呼吸道黏膜和皮肤有刺激作用，主要损害肝脏、眼晶状体、血液和神经系统。吸收进体内导致形成高铁血红蛋白，引起发绀，可引起中毒性肝损伤及中毒性白内障。

急性中毒轻度可见头痛、头晕、恶心、呕吐、食欲不振，口唇呈蓝紫色，可发展至其他部位。重者除上述症状加重外，可出现神志不清，呼吸浅表、频速，大小便失禁，瞳孔散大，角膜反射消失，因呼吸麻痹而死亡。

慢性中毒主要表现为眼晶状体混浊，发展成中毒性白内障，消化系统可出现各种胃肠道症状，胃酸缺乏、功能紊乱、胃黏膜萎缩性或单纯性胃炎。肝损害表现为肝大、有压痛，轻微黄疸、肝功能异常；血液系统可见低血色素贫血等。皮肤裸露部位有皮炎，甚至呈鳞片状脱屑。

3. 酚中毒的症状

酚又称苯酚或石炭酸，为无色晶体，在熔化状态下为无色透明有芳香气味的低黏稠度液体，易燃易爆，属高毒类。

工业上酚是重要的化工原料，用于制造橡胶、油漆、塑料、合成树脂、炸药、木材防腐、纺织、制药、肥皂及农药等。医药上用做烧灼剂、消毒剂、止痒剂。在生产过程、包装、运输及使用时，因意外情况可经皮肤接触或呼吸道吸入酚蒸气而致中毒，有时可因误服中毒。

酚能使蛋白变性、沉淀，故对各种细胞有直接损害。可经皮肤、呼吸道侵入人体，可引起皮肤、黏膜烧伤和全身中毒。

吸入高浓度酚蒸气以及经口进入体内均可发生急性中毒。表现为头昏、头痛、乏力、意识障碍、昏迷、抽搐；呼吸困难、呼吸节律改变、肺水肿、呼吸衰竭；脉搏细速、血压下降、尿成棕黑色、尿少、无尿、急性肾功能衰竭。口服中毒可有胸骨后疼痛、腹痛、腹泻、呕吐、便血等。若溅入眼内、皮肤可发生黏膜灼伤、皮肤坏死，颜色可由苍白转为红色、棕色乃至黑色。

慢性中毒主要表现为头痛、头晕、失眠、易激动、恶心、呕吐、食欲差、腹泻，甚至有精神障碍，少数可伴有贫血，严重者可合并肝肾损害。

4. 甲醛中毒症状与危害

甲醛别称蚁醛，常温常压下为无色、有强烈刺激性气体，溶于水，通常以水溶液形式出现。其37%的水溶液就是福尔马林防腐剂。遇火可燃烧爆炸。甲醛为较高毒性的物质，被世界卫生组织确定为致癌和致畸形物质。

甲醛工业上主要用于制造树脂、塑料和橡胶。在建筑材料、木材防腐、皮革加工、造纸、染料、制药、农药、油漆、照相胶卷、炸药和石油工业也大量应用甲醛。在农林畜牧业、化妆品、洗涤和清洁剂生产、医药和食品工业中广泛用做消毒、防腐和熏蒸剂。在上述甲醛及含甲醛产品的生产和使用过程中均可接触。工作场所空气中甲醛的最高容许浓度不超过 0.5 mg/m^3。

甲醛进入人体的途径以呼吸道为主，人吸入甲醛蒸气后，发生急性中毒：轻者可致结膜炎、角膜炎、上呼吸道炎和支气管炎，表现为眼部烧灼感、流泪、流涕、咽痛、烦渴、咳嗽、气短，并可有头晕、头痛、乏力等全身症状；严重者发生喉痉挛、喉头水肿，少数出现肺炎，偶见肺水肿。

甲醛中毒不仅发生在工农业生产过程中，在日常生活中也可以发生，如吃了加入或含甲醛的食品，穿了甲醛含量超标的服装，如免烫衬衫。最常见的甲醛中毒是新房装修后发生的。人们在装修时往往大量使用的人造板材，铺地板时垫的大芯板、榉木、曲柳等各种贴面板、密度板都含有甲醛，其释放期为 3～15 年；不合格油漆、涂料等也往往使用含甲醛的有毒溶剂，加重了室内的甲醛污染，导致居室环境空气中甲醛浓度超标，容易发生甲醛中毒。

5. 溴甲烷中毒症状与危害

溴甲烷为无色气体，有甜味，不溶于水，溶于乙醇、乙醚、氯仿等多数有机溶剂。与空气混合能形成爆炸性混合物，遇明火、高热能引起燃烧爆炸。

溴甲烷主要用做化工原料，为甲基供体。农业上用做杀虫熏剂、冷冻剂。熏蒸对象主要有仓储谷物、经济作物、田基土壤以及大型建筑物。化工业的工人和熏蒸工可接触不同浓度的溴甲烷。工作场所空气中最高容许浓度不超过 1 mg/m^3。

溴甲烷可经呼吸道、消化道、皮肤进入人体，职业中毒主要经呼吸道。主要损害中枢神经系统。对皮肤黏膜、肝、肺、肾等也有损害。急性中毒：轻度有头痛、头晕、恶心、全身无力、嗜睡、震颤等；较重者出现兴奋、谵妄、共济失调、肌痉挛，并可伴有多发性神经炎和肝、肾损害；严重中毒时，因脑水肿出现大抽搐、躁狂、昏迷；或因肺水肿或循环衰竭而出现紫绀。可因肺水肿或神经系统严重损害或循环衰竭而致死亡。慢性中毒：常有头痛、全身乏力、嗜睡、记忆力减退等，亦可伴有周围神经炎或植物神经系统失调症状。

6. 农药职业中毒症状与危害

农药作为杀虫剂广泛应用于农业生产中，其中有机磷农药中毒、氨基甲酸酯类农药中毒、杀虫脒中毒、拟除虫菊酯类农药中毒已被列入国家职业病目录。

有机磷农药、氨基甲酸酯类农药、杀虫脒、拟除虫菊酯类农药在生产、包装、运输、使用过程中，违反操作规程或防护不周可经皮肤、呼吸道吸收而发生中毒。主要损害神经系统，表现为头晕、头痛、恶心、呕吐、多汗、胸闷、视力模糊、无力等症状，有的会出现紫绀、尿急、尿频、尿痛、血尿，重者呼吸困难、流涎、腹痛、腹泻、步态蹒跚、意识模糊。

我国农药中毒高发的原因主要是：生产工艺落后，保管不严、配制不当、任意滥用、操作不善、防护不良。因此，预防的重点一是采用先进的农药生产工艺，特别是出料、包装要实现自动化或半自动化；二是严格实施农药安全使用规程，配药、拌种要有专用工具和容器，配制浓度确当，防止污染环境。喷药时遵守安全操作规程，喷药工具有专人保管和维修，防止堵塞、渗漏；三是农药实行专业管理和严格保管，防止滥用；四是加强个人防护与提高使用人员的自我保护意识。

☆**事故案例：**

事故案例之一：进料管松动滑脱导致丙烯醇中毒事故

1. 事故经过

2004年3月15日8时30分，上海市宝山区某香料公司酯化车间，操作工梅某开始将原料丙烯醇通过进料管加入反应釜，当他把进料管插入原料桶，打开管道上的进料旋阀时，进料管金属端与橡皮管连接处突然脱落，管道中的丙烯醇喷出，溅在梅某的面部，在慌乱中梅某还张口吸入了一口丙烯醇液体。出事之后，梅某马上用自来水冲洗面部及眼睛，但自觉眼痛、流泪症状无明显缓解，并出现咽部不适、胸闷、头昏、恶心等症状，于10时被送至上海市化工职防院，最终诊断为重度丙烯醇中毒。

2. 事故原因分析

造成事故的直接原因，一是梅某在进料前未认真检查管道连接情况就打开进料旋阀，在气压和液体压力下导致本已松动的管道连接处滑脱，引起丙烯醇喷溅泄漏。二是梅某进料操作时未佩戴任何个人防护用品，导致事故发生时毒物喷溅入眼睛和口部，增加了伤害的范围和程度。

造成事故的间接原因，是车间安全教育不足，缺乏针对性，安全管理存在疏漏，对于职工操作中不佩戴任何个人防护用品的情况，不能及时纠正并处罚。

3. 事故教训与防范措施

（1）做好职工的职业卫生安全培训和教育，并制定相应的职业安全卫生管理制度，加强安全检查。

（2）督促职业病危害作业岗位职工佩戴个人防护用品，对于违反操作规定的人员严厉处罚，防止类似事故再次发生。

事故案例之二：缺少通风设施导致苯中毒事故

1. 事故经过

2001年3月9日，北京某汽修厂维修综合楼，需要将屋顶消防水箱涂刷防水涂料，某建安防腐公司承担了这项工作。消防水箱长6.6 m，宽4 m，高1.1 m，为钢筋混凝土结构，顶部有一个直径为0.73 m的洞口。建安防腐公司按计划派出施工人员进行涂刷作业，作业前没有对消防水箱通风，也没有技术人员交代注意事项。工人李某和王某佩戴活性炭滤毒罐过滤式防毒面具，先后进入消防水箱内刷环氧树脂涂料，外面有2名工人负责监护。5 min后，王某感到胸部憋闷，喘不上气来，手脚无力，要求救护，监护人员急忙将他救出，随后又将李某救出。李某被救出后昏迷不醒，经抢救无效死亡，法医鉴定为苯中毒死亡。

2. 事故原因分析

造成事故的主要原因，一是涂刷作业时违反国家有关规定，作业场所无机械通风设施，作业中挥发出来的大量有毒气体不能排出。二是涂刷作业使用的稀释剂无标牌、无生产厂家，为不合格产品。三是使用的防毒面具配置不当。当空气中毒物浓度达2%时，活性炭滤料瞬间即失效，失去防毒作用，该作业场所不应使用过滤式防毒面具，应使用隔离式（供气式）防毒面具。

3. 事故教训与防范措施

（1）生产作业中应使用合格产品，严禁使用无标牌、无生产厂家、无生产地址的“三无”产品。

（2）进行受限空间作业，首先应该通风换气，必要时需要监测有毒有害物质，改善生产作业条件。

（3）针对不同的情况，正确选择和使用劳动防护用品。

事故案例之三：污水井内作业摘下防毒面具硫化氢中毒事故

1. 事故经过

2002年1月9日，某县建筑工程公司民工刘某某，佩戴隔离式防毒面具（软管式呼吸器），进入含硫污水井内掏泥。下井后第一桶还未掏满，他就站起来，感觉憋得慌，随手摘掉防毒面具，立即被硫化氢熏倒。此时，在50 m外干活的班长王某某听到呼救声，立即赶到现场，戴上活性炭滤毒罐就下井救人，但是也中毒倒下。后经抢救，王某某脱离危险，但刘某某终因硫化氢中毒时间较长、中毒过重，抢救无效死亡。

2. 事故原因分析

造成事故的直接原因，是民工刘某某进入含硫污水井作业，在井内摘掉呼吸器，从而导致中毒。

造成事故的间接原因，一是人员进入受限空间作业无人监护，发生中毒事故后，班长王某某急忙戴着活性炭滤毒罐救人，由于一般活性炭滤毒罐对硫化氢基本起不了防护作用，导致救援人员也发生中毒。二是作业人员防毒知识和自救互救知识不足，企业安全教育培训不到位。

3. 事故教训与防范措施

（1）企业应在基层生产班组普及防毒知识，作为安全生产教育的重要内容，让作业人员切实掌握，并运用于实际的生产作业中。

（2）要让工人学习掌握使用各种类型的个人防护用品，特别是本岗位常用的个人防护用品，一定要熟练掌握使用方法和注意事项。

讨论题：

1. 一般将生产性毒物按其综合性分为哪几类？
2. 在生产过程中的哪些环节容易出现毒物？
3. 毒物在生产环境中的形态有哪些？
4. 人员作业中与生产性毒物的接触机会有哪些？
5. 生产性毒物进入人体的途径有哪些？
6. 接触生产性毒物的作业人员需要做好哪些个人防护？
7. 职业中毒的急救和治疗原则是什么？
8. 急性中毒的现场处理措施是什么？
9. 硫化氢有哪些特点？预防硫化氢中毒的措施有哪些？
10. 汽油中毒症状与注意事项有哪些？

第五章　物理因素职业危害与防治知识

在生产作业场所，由于高温、高湿、高气压、低气压、振动等物理因素导致的职业病，称为物理因素所致职业病。在国家颁布的职业病目录中，中暑、减压病、高原病、航空病、手臂振动病5种被列为物理因素所致职业病。除此之外，低温作业、生产性噪声等，也会对作业人员身体造成危害，需要加以注意。

第一节　物理因素所致职业病特征与预防

一、高温作业与中暑

1. 高温作业的三种类型

高温作业是指在高气温或高温高湿或强热辐射条件下进行的作业，通常分为三种类型。

（1）高温、热辐射作业。这些生产场所的气象特点是气温高、热辐射强度大，而相对湿度较低，形成干热环境。如冶金工业的炼焦、炼铁、轧钢等车间；机械制造工业的铸造、锻造、热处理等车间；搪瓷、玻璃、砖瓦等工业的窑炉车间；火力发电厂和锅炉房等。

（2）高温、高湿作业。这种场所的气象特点是气温高、湿度大，而热辐射强度不大。主要是由于生产过程中产生大量水蒸气或生产上要求车间内保持较高的相对湿度所致。如印染、缫丝、造纸等工业中液体加热或蒸煮时，车间气温可达35℃以上，相对湿度常高达90%以上。潮湿的矿井内气温可达30℃以上，相对湿度达95%以上，如通风不良就会形成高温、高湿和低气流的气象条件，即湿热环境。

（3）夏季露天作业。夏季在农田劳动、建筑、搬运等露天作业中，除受太阳的辐射作用外，还接受被加热的地面和周围物体放出的辐射热。露天作业中的热辐射强度较低，但如果作业持续的时间较长，加之中午前后气温升高，形成高温、热辐射的作业环境，也容易发生中暑。

2. 高温作业对人体生理功能影响

高温作业时，人体可出现一系列生理功能改变。主要是体温调节、水盐代谢、循环系统、消化系统、神经系统、泌尿系统等方面的适应性变化。但如超过一定限度，则会产生不良影响。

（1）体温调节。在正常情况下，机体不断地产生热量，同时又将多余的热量散失掉，通过体温调节中枢使产热和散热处于动态平衡，维持正常体温和各种生理功能。人体散热有辐射、传导、对流和蒸发几种方式。当周围环境温度低于人体表温度时，人体可以通过上述途径将多余的热发散出去。在高温环境下劳动，一方面，劳动过程使机体产热明显增加，劳动强度越大产热越多；另一方面，机体不能再通过辐射热和传导及对流的方式散热，反而受到环境辐射和对流热作用。当气温超过体温时，机体只能靠蒸发汗液散热。蒸发是一种有效的散热途径，一般可以散发体内多余的热量。但如果受某些条件影响，如高气温、低风速或着装等，身体获热和产热大于散热，人体排出的汗液不能完全蒸发，则变成汗液流下。流下的汗液能起到蒸发散热的作用，体内多余的热不能及时散失而使机体产生蓄热现象，人体不能继续保持热平衡，体温可升高到 40℃以上。这时会发生中暑及其他变化。

（2）水盐代谢。由于出汗引起体内水分和盐的大量丢失。出汗量可作为人体受热程度和劳动强度的综合指标。环境温度越高，劳动强度越大，人体出汗就越多。一个工作日出汗量以 6 L 为生理极限，某些高温作业工人日出汗量可达 8～10 L 甚至更多。汗液中的盐主要是氯化钠，正常人一般每天摄取食盐的总量为 10～20 g，高温作业每天仅随汗液排出的盐可高达 25 g 以上。故大量出汗可引起水盐代谢障碍，而影响劳动能力，甚至造成严重缺水缺盐，并导致热痉挛。

（3）循环系统。高温作业时，由于劳动和散热的需要，体内血液重新分配，大量血液流向工作肌和皮肤，心脏负担加重，心率明显加快。由于体内水分大量流失，血液浓缩，黏度增加，进一步增加了心脏负荷，长期影响可使心肌肥大。

（4）消化系统。高温作业时，由于消化道血液减少，胃肠蠕动减慢，胃液、唾液减少，胃酸降低，淀粉酶活性下降。表现为食欲减退和消化不良，高温作业工人消化道疾病患病率往往高于一般工人，而且工龄越长，患病率越高。

（5）泌尿系统。高温作业时，大量水分以汗的形式排出体外，同时由于抗利尿激素的分泌增加，提高了肾脏对水的重吸收能力，因此经肾脏排出的水分明显减少，有时只相当于身体日排出水分的10%～15%。如果体内丢失的水分得不到及时补充，则尿液变得浓缩，加重了肾脏负担，尿中可出现蛋白、细胞等，严重者表现为肾功能不全。

（6）神经系统。高温环境中体温调节中枢的兴奋性增高，使肌肉活动减少，产热量减少。这种抑制作用在一定程度上可以看做是保护性反应，但由此引起的动作的准确性、协调性降低和反应速度减慢、注意力不集中等，容易造成工伤事故发生。

3. 中暑的四种类型

中暑是高温环境下发生的一类疾病的总称。中暑的发生与周围环境温度有密切关系，一般当气温超过人体表面温度时，即有发生中暑的可能。但高温不是唯一的致病因素，生产场所的其他气象条件，如湿度、气流和热辐射也与中暑有直接关系。空气湿度大、风速低和有强烈热辐射，均可促进中暑发生。即使在相同条件下，劳动强度、持续时间、劳动休息制度、个人健康状况也与是否发生中暑有关。

中暑按发病机理可分为热射病、日射病、热衰竭和热痉挛四种类型。

（1）热射病。是由于机体产热和受热超过散热，引起体内蓄热，使体温调节功能发生障碍，体温升高导致的。发病前常感觉头痛、头昏、全身乏力、恶心、呕吐等。热射病一般发病急骤，突然昏迷，开始大量出汗，后期出现“无汗”，体温可达40℃以上，皮肤干热发红，此病是中暑中较常见的一种，也是最严重的一种，如果抢救不及时，很容易引起死亡。

（2）日射病。多发生于夏季露天作业或有强烈热辐射的高温车间，是由于太阳或热辐射作用于无防护的头部，使颅内组织受热引起脑膜及脑组织充血水肿。其症状为头痛、头晕、眼花、耳鸣、恶心、呕吐、兴奋不安或意识丧失。体温可不升或略有升高。

（3）热衰竭。又称热晕厥或热虚脱。一般认为是由于周围毛细血管的扩张及大量失水造成循环血量减少，脑部供血不足所致。表现为头晕、头痛、恶心、呕吐、面色苍白、皮肤湿冷、多汗，体温一般不升高，脉搏细弱，严重者发生晕厥。

（4）热痉挛。高温作业时，由于大量出汗，引起缺水、缺盐而发生肌肉痉挛、疼痛。痉挛常发生在四肢、咀嚼肌及腹肌等经常活动的肌肉，尤以腓肠肌为最多。患者神志清醒，体温正常，发作时影响工作。

在发生中暑的过程中，以上四种类型难以明显区分开，呈现出综合性的特点。

4. 预防中暑的防暑降温措施

防暑降温应从改进生产工艺过程入手，采用先进技术，实行机械化和自动化生产，从根本上改善劳动条件，减少或避免工人在高温或强热辐射环境下劳动，同时也减轻了劳动强度，如冶金车间的自动投料、自动出渣运渣，制砖场的自动生产线。

在进行工艺设计时，应设法将热源合理布置，将其放在车间外面或远离工人操作地点。对于采用热压为主的自然通风，热源应布置在天窗下面。采用穿堂风通风的厂房，应将热源放在主导风的下风侧，使进入厂房的空气先经过工人的操作地带，然后经过热源位置排出。

隔热是减少热辐射的一种简便有效的方法。对于现有设备中不能移动的热源和工艺要求不能远离操作带的热源，应设法采用隔热措施。如可采用循环水炉门、瀑布水幕、水箱、钢板流水等利用流动水吸走热量，是吸收炉口辐射热较理想的方法。也可利用导热系数小、导热性能差的材料，如炉渣、硅藻土、石棉、玻璃纤维等，制成隔热板或直接包裹在炉壁和管道外侧，达到隔热的目的。缺乏水源的工厂以及小型企业和乡镇企业，更适合于采用这种隔热方式。

通风是改善作业环境最常用的方法。通风有自然通风和机械通风。自然通风是利用车间内外的热压和风压，使室内外空气进行交换。但是高温车间仅靠这种方式是不够的。在散热量大、热源分散的高温车间，一小时内需换气30～50次以上，才能使余热及时排出，在自然通风不能满足降温需要或生产上要求保持一定的温湿度的情况下，则需要采用机械通风。机械通风常用的有风扇、喷雾、管道送风等，在风机上安装喷雾装置，喷出的雾滴能起到较好的蒸发降温和吸收辐射热的作用；在有强辐射热和生产工艺要求保持稳定条件的工作地点，如炼钢、电子、精密加工等行业，应采用岗位送风。

5. 预防中暑的方法和措施

在生产作业过程中预防中暑需要注意以下几点：

（1）在高温环境下从事体力劳动的工人，在劳动前和劳动期间应注意休息、饮水，每日摄盐 15 g 左右。

（2）除了在热适应的头几天外，过量的盐负荷是有害的，因为这样会导致钾丢失。

（3）气温特高时，可更改作息时间，早出工、晚收工而延长午休时间，以免因出汗过多，血容量减少而影响散热。

(4) 在工作现场要增加通风降温设备。随着工农业的现代化、笨重的体力劳动相应减少，防护设备亦日趋完善，这将更有利于预防中暑。

二、减压病的发病原因与症状

1. 减压病的发病原因

减压病是在高气压下工作一定时间后，转向正常压力时，因减压过速、降压幅度过大所引起的一种疾病。此时人体的组织和血管中产生气泡，导致血液循环障碍和组织损伤。

急性减压病大多在数小时内发病，减压越快症状出现越早，病理变化也越重。出现较早、较多的症状为皮肤奇痒，并有灼热感、青紫，呈大理石样斑纹，可发生浮肿或皮下气肿。由于神经受损、血管痉挛局部缺氧、肌肉痉挛、骨关节损伤，可能引起疼痛和肌肉酸痛。如有大量气体在肺小动脉及毛细血管内，可引起肺水肿。如脑血管被气管栓塞可有头痛、头晕、呕吐、运动失调、昏迷、偏瘫等症状。视觉和听觉器官受损时可发生眼球震颤、失明、复视、听力减退、内耳眩晕综合征。出现此类病的典型职业是潜水员。

2. 防治减压病的原则与措施

减压病的防治原则：对减压病的唯一根治手段是消除气泡，及时加压治疗。患者需在特殊的高压氧舱内，按规定逐渐减压，待症状消失后出舱。

为了防止减压病的发生，首先，必须对潜水人员进行安全教育，使其了解发病的原因及预防措施，同时严格遵守潜水作业规程。其次，必须从技术上做到潜水技术保证、潜水供气保证和潜水医务保证三者密切协调配合，严格遵守潜水作业制度，同时进行技术革新。如建桥墩时采用管柱钻孔法代替潜涵，使工人可以在江面上工作而不必进入高压环境。再次，预防减压病的保健措施也很重要，工作前防止过劳、严禁饮酒、加强营养。工作时注意防寒、防潮。工作后进热饮料，洗热水澡等。潜水员在就业前、下潜前要定期进行体格检查。

减压病的职业禁忌证有听觉器官、心血管系统、呼吸系统及神经系统疾病。此外，重病后体弱者、嗜酒者、肥胖者也不易从事此项工作。

三、高原病发生原因与症状

1. 高原病发生的原因

高原病又称高山病或高原适应不全症，按发病急缓分为急性和慢性高原病。急性高原病有 3 种类型：

（1）急性高原反应。短时间进入海拔 3 000 m 以上的高原，表现为头痛、头晕、目眩、心悸、气短，重者食欲减退、恶心、失眠、疲乏、胸闷、面部浮肿等。急性高原反应多发生在登山后 24 h 内，大多数 4～6 天内症状消失。

（2）高原肺水肿。多发生在海拔 4 000 m 以上处，多为未经习服的登山者。早期反应与急性高原反应不易区别，严重者有干咳、多量血性泡沫痰、呼吸极度困难、胸痛、烦躁不安，两肺广泛性湿啰音。

（3）高原脑水肿。发病率低，死亡率高。由于缺氧引起脑部小血管痉挛而产生脑水肿。缺氧又可直接损害大脑皮层，故患者除有急性高原反应外，可出现剧烈头痛、兴奋，呼吸困难，随后由嗜睡转入昏迷，少数可有脑膜刺激症状及抽搐等。

2. 慢性高原反应的5种类型

慢性高原反应有5种类型，主要见于较长期生活于高原的人，由于某种原因失去了对缺氧的适应能力。

（1）慢性高原反应。有些患者虽然在高原居住一定时间，但始终存在高原反应症状。常表现为神经衰弱综合征，有时出现心率失常或短暂昏厥。

（2）高原心脏病。以儿童为多见。由于缺氧引起肺血管痉挛，导致肺动脉高压，右心室因持续负荷过重而增大，使右心室衰竭。

（3）高原红细胞增多症。发生在海拔3 000 m以上处，红细胞、血红蛋白随海拔增高而递增，伴有发绀、头痛、呼吸困难及全身乏力等。

（4）高原高血压。一般移居高原一年内为适应不稳定期，血压波动明显而升高者多，以后趋于稳定。

（5）高原低血压。此患病率较低。

3. 预防高原病的措施

高原病共同的临床表现有头痛、头昏、心慌、气促、恶心、呕吐、乏力、失眠、眼花、嗜睡、手足麻木、唇指发绀、心律增快等，症状急剧加重，发展为高原肺水肿或高原脑水肿。

预防高原病的发生，首先要求进入高原作业人员应了解和适应高原环境特点，注意防寒和防治上呼吸道感染。其次是按计划进行阶段性适应性锻炼，可以实行分段登高，逐步适应。在高原地区应逐步增加劳动强度，对劳动定额和劳动强度应相应减少和严格控制。同时摄取高糖、多种维生素和易消化的食物；多饮水，不饮酒，注意保暖防寒、防冻、预防感冒。对进入高原地区的人员，应进行全面体格检查，凡有明显心、肺、血液疾病患者，高血压、严重贫血者，均不宜进入高原地区。

四、航空病发生原因与症状

1. 航空病发生的原因

航空病是减压病的一种类型，又称高空减压病。人自地面迅速上升到海拔 8 000 m 以上高空，即由正常的一个大气压上升至低于一个大气压而又无适当防护的空间，空气中氮分压骤然下降，体液和组织中释放出的氮不能及时排出体外，而存留在组织和血液中，形成气泡。航空病是减压过速或降压幅度过大而引起的全身性疾病，大部分发生在海拔 9 000 m 以上高度，这一高度被视为航空病的临界高度。

航空病多见于乘坐无加压座舱的飞行员，或加压舱密闭系统漏气。此外飞机领航员、飞机工程师、客机服务员以及特殊情况下的飞机乘客均可发生此病。

2. 航空病的症状与预防措施

航空病会出现皮肤大理石样斑纹、肌肉骨骼、关节病变以及突发性视听觉障碍、胸骨下疼痛、呼吸困难等是主要临床表现。

轻度航空病会出现皮肤瘙痒、丘疹、大理石样斑纹；中度则四肢大关节、肌肉疼痛、骨损伤或坏死；重度有前庭功能障碍，偏瘫、截瘫、大小便障碍、视、听觉障碍等，血压下降、休克、昏迷、胸痛、咯血、呼吸困难等症状。

五、手臂振动病发生原因与症状

1. 手臂振动病发生的原因

生产过程中的生产设备、工具产生的振动称为生产性振动，产生振动的机械有锻造机、冲压机、压缩机、振动机、振动筛、送风机、振动传送带、打夯机、收割机等。手臂振动病是生产中长期从事手持振动工具作业而引起的以手部末梢循环和手臂神经功能障碍为主的疾病，并能引起手臂骨关节—肌肉的损伤。

在生产中经常接触到的振动源有：

（1）风动工具，如铆钉机、凿岩机、风铲、风钻、捣固机等；

（2）电动工具，如电钻、电锤、电锯、砂轮等；

（3）运输工具，如汽车、火车、飞机、轮船、摩托车等；

（4）农业机械，如拖拉机、脱粒机、收割机等。

以上只是振动工具中有代表性的一部分，在机械的高速化、大型化、复杂程度不断提高的同时，从事振动的作业将会越来越多。

振动作用于人体后，在感觉上会引起不舒适，强烈的振动甚至不能忍受。振动可使人们的作业能力下降，引起姿势平衡和空间定向的障碍，影响听力和手眼动作配合的准确度，影响注意力集中，容易疲劳，导致工作效率降低。强烈的振动会造成组织器官位移、挤压而影响机体正常的生理功能，冲撞性振动甚至会造成组织损伤。在长期振动的作用下，可引起周围神经和血管功能的改变，造成脚腿痛、下肢疲劳及感觉异常。由于前庭和内脏受振动刺激后的反射作用，可出现脸色苍白、冷汗、恶心、呕吐、头昏、眩晕、呼吸浅表、脉搏和血压降低现象。

2. 振动病与局部振动病的表现

振动病是长期接触生产性振动所引起的职业性危害，包括局部振动病和全身振动病，近年来，多采用振动综合征这一名称。

局部振动病是由于局部肢体（主要为手）长期接受强烈振动，而引起的肢端血管痉挛、上肢周围神经末梢感觉障碍及骨关节骨质改变为主要表现的职业病。

局部振动病多表现为手部症状与神经衰弱综合征。手部症状以手麻、手痛（多在夜间发作）、手胀、手凉、手掌多汗、遇冷后手指发白等为主，其次还有手僵、手颤、手无力等，以致有时发生工具拿不稳、吃饭掉筷子等异常。神经衰弱综合征以头昏、失眠、心悸、乏力为主，由于振动伴有噪声，患者常有耳鸣、听力减退等症状。

3. 防止振动对人体危害的常规措施

预防振动的危害应从工艺改革入手，在可能的条件下，以液压、焊接、粘接等新工艺代替铆接；改进风动工具，采用减振装置，设计自动或半自动式操纵装置，减少手及肢体直接接触振动体；工具把手设缓冲装置；改进压缩空气的出口方位；防止工人受冷风吹袭。振动作业工人应发放双层衬垫无指手套或衬垫泡沫塑料的无指手套，以减振保暖。

建立合理的劳动制度，按接触振动的强度和频率，订立工间休息及定期轮换制度，并对日接触振动时间给予一定限制。此外，就业前和工作后要定期进行体检，及时发现受振动损伤的作业人员。

对于个人来讲，如果有条件时应该设置温水池，以便必要时用温水泡手，使局部血管呈舒张状态，有助于血管功能恢复。同时注意加强个人防护，如戴防振手套、棉手套、穿棉靴子等。

第二节　生产性噪声职业危害与预防措施

一、生产性噪声的危害

在工业生产过程中，离不开机械设备，各种机械设备所发出的噪声是一种职业危害，能导致职业性噪声聋。一般来说，凡是长期在 85 dB 以上噪声环境下工作的劳动者均可能发生职业性噪声聋。如从事风铲、铆焊、锻造、空压机、振捣、振动筛、发动机试验、鼓风机、电刨、电锯、高炉、炼钢炉、凿岩机、粉碎机、织造、柴油机、汽轮机等作业均有可能发生噪声聋。

1. 生产性噪声产生原因

物体振动后，在弹性介质中以波的形式向外传播，当传到人耳时能引起音响感觉的振动称为声音。引起音响感觉的振动波称为声波。振动的物体称为声源。

根据物理学的观点，不同频率、不同强度的声音杂乱地无规律地组合，波形呈无规则变化的声音称为噪声，如机器的轰鸣等。从生理学的观点来看，凡是使人厌倦的、不需要的声音都是噪声。比如对于正在睡觉或学习和思考问题的人来说，即使是音乐，也会使人感到厌烦而成为噪声。

在生产过程中产生的一切声音都称为生产性噪声。生产性噪声按其声音的来源可大致分为以下几种：

（1）机械性噪声。由于机器转动、摩擦、撞击而产生的噪声。如各种车床、纺织机、凿岩机、轧钢机、球磨机等机械所发出的声音。

（2）空气动力性噪声。由于气体体积突然发生变化引起压力突变或气体中有涡流，引起气体分子扰动而产生的噪声。如鼓风机、通风机、空气压缩机、燃气轮机等发出的声音。

（3）电磁性噪声。由于电机中交变力相互作用而产生的噪声。如发电机、变压器、电动机所发出的声音。

生产性噪声根据持续时间和出现的形态，可分为连续性噪声和间断性噪声；稳态噪声和非稳态噪声或脉冲噪声。声音持续时间小于 0.5 s，间隔时间大于 1 s，声压变化大于 40 dB 的噪声称为脉冲噪声，如锻锤、冲压、射击等。声压波动小于 5 dB 的噪声称为稳态噪声，如一般环境噪声、高速空调噪声、电锯、机床运转噪声等。声压变化较大的噪声则称为非稳态噪声，如道路噪声、火车通过的噪声、锻造机械的噪声、铆枪的噪声等。

生产性噪声一般声级比较高，且多为中高频噪声，常与振动等不良因素联合作用于人体，使其危害更大。

2. 噪声对人体的不良影响

噪声对人体的影响是全身性的，多方面的。噪声的困扰妨碍人们正常的工作和休息。在噪声环境中工作，人们容易感觉疲乏、烦躁，造成注意力不集中、反应迟钝、准确性降低，直接影响作业能力和效率。如电话交换台的噪声从 40 dB 提高到 50 dB，错误率增加将近 50%。由于噪声掩盖了作业场所的危险信号或警报，往往造成工伤事故的发生。长期接触强烈噪声会对人体产生如下有害影响：

（1）听力系统。噪声的有害作用主要是对听力系统的损害。噪声作用初期，听阈可暂时性升高，听力下降，这是保护性反应；强噪声作用下，可导致永久性听力下降，内耳感音细胞遭损伤，引起噪声性耳聋；极强噪声可导致听力器官发生急性外伤，即爆震性耳聋。

（2）神经系统。长期接触噪声可导致大脑皮层兴奋和抑制功能的平衡失调。出现头痛、头晕、心悸、耳鸣、疲劳、睡眠障碍、记忆力减退、情绪不稳定、易怒等。

（3）其他系统。长期接触噪声可引起其他系统的应激反应，如可导致心血管系统疾病加重，引起肠胃功能紊乱等。

二、生产性噪声的预防措施

防止噪声危害，应从声源、传递途径和接收者三个方面来考虑。

1. 控制和消除噪声源

控制和消除噪声源，是防止噪声危害的根本措施。应根据具体情况采取不同的解决方式。采用无声或低声设备代替发出噪声的设备，如用液压代替高噪声的锻压，以焊接代替铆接，用无梭代替有梭织布等，均可收到较好的效果。对于生产中允许远置的噪声源如风机、电动机等，应移至车间外或采取隔离措施。此外设法提高机器的精密度，尽量减少机器部件的撞击、摩擦和振动，也可以降低生产噪声。在进行厂房设计时，应合理地配置声源。把产生强烈噪声的工厂与居民区，高噪声的车间与低噪声的车间分开，也可减小噪声的危害范围。

2. 控制噪声的传播

控制噪声的传播，一般有以下几种措施：

（1）吸声。采用吸声材料装饰在车间的内表面，如墙壁和屋顶，或者在车间内悬挂空间吸声体，吸收辐射和反射声能，使噪声强度降低。具有较好吸声效果的材料有玻璃棉、矿渣棉、泡沫塑料、毛毡、棉絮、加气混凝土、吸声板、木丝板等。

（2）消声。用一种能阻止声音传播而允许气流通过的装置，即消声器。这是防止空气动力性噪声的主要措施。消声器有利用吸声材料消声的阻性消声器、根据滤波原理制造的抗性消声器以及利用上述两种原理设计的阻抗复合消声器。

（3）隔声。在某些情况下，可以利用一定的材料和装置，把声源封闭，使其与周围环境隔绝起来，如隔声罩、隔声间。隔声结构应该严密，以免产生共振影响隔声效果。

（4）隔振。为了防止通过地板和墙壁等固体材料传播的振动噪声，在机器的基础和地板、墙壁联结处设减振装置，如胶垫、沥青等。

3. 卫生保健措施

加强个人防护，对于生产场所的噪声暂时不能控制，或需要在特殊高噪声条件下工作时，佩戴个人防护用品是保护听觉器官的有效措施。耳塞是最常用的一种，隔声效果可达 30 dB 左右。耳罩、帽盔的隔声效果优于耳塞，但使用时不够方便，成本也较高，有待改进。

对接触噪声的工人应定期进行健康检查，特别是听力检查，观察听力变化情况，以便早期发现听力损伤，及时采取适当保护措施。对参加噪声作业的工人应进行就业前体检，凡有听觉器官、心血管及神经系统疾病患者，不宜参加有噪声的作业。对有噪声作业的工人要合理安排休息时间，如实行工间休息，经常监督检查预防措施的执行情况及效果。

☆事故案例：

事故案例之一：掉入草酸母液池延误处理时机人员伤亡事故

1. 事故经过

1999 年 12 月 11 日上午，某化工厂操作工王某某（男）上班后，在草酸母液池边给化验室取化验小样。为图一时方便，他没按规定在护栏处取样，而是违规在池边敞口处踏板上用提斗取样。由于站立位置不当，操作不慎，踩翻踏板，跌入温度为 60℃左右的母液池中，不一会儿就被别人拽上来，并且被立即送往厂保健站治疗。这种烫伤，到了保健站只要赶紧脱下衣服，做些紧急处理，敷上专用烫伤药膏，很快便好。可是，王某某看到现场有几位女同志，碍于“面子”硬是不脱衣服。闻讯赶到的厂安技科长与大家苦口婆心地劝他也无济于事。情急之下安技科长决定，立刻把他送往医院。来到医院，王某某脱了衣服，可仍不脱裤衩，大夫劝了半天，大约是裆部痛得难忍，他勉强让男大夫把他的裤衩剪下。然而，由于延误时间较长，下身严重感染，经抢救无效，终因血液中毒而死亡。

2. 事故教训与防范措施

这起事故属于不应该发生的事故。从事故经过来看，温度不太高的液体，比较容易处理的烫伤，只要及时救治本无大碍。可就这么个简单的事故，偏偏碰上个死要面子而又执拗的职工，要面子而失去一条本不该失去的性命，发人深省。

造成这起事故还有一个重要原因，就是安全教育不够。如果在安全教育时，注意讲清楚化工产品的危害与处理，以及个人的防治，这起事故可能就不会发展到如此严重的地步。为防止类似事故的发生，车间和班组应加强有关化工知识和个人防护的教育。

事故案例之二：堵漏中接触有毒物质冲洗不彻底导致的事故

1. 事故经过

2000 年 5 月 19 日，吉林某运输公司 4 名司机驾驶一辆载有 50 吨丙酮氰醇的罐车，在途经宁河县境内 205 国道大北开发区路段时，与从唐山方向开出的大货车相撞，罐阀被撞断，丙酮氰醇喷洒在地面和河沟中。4 名司机在未采用任何防护用品的情况下进行堵漏，在堵漏的过程中，2 名司机的衣服和鞋被溅湿。在堵严罐口后，4 人到附近旅店冲洗，其中一名司机冲洗不彻底，又没有及时更换衣服和鞋，于次日凌晨发生头晕、手抽搐、呕吐现象，经送医院抢救无效死亡。其余 3 人也有相同症状，经治疗好转。

2. 事故教训与防范措施

这起事故的发生，有两方面的原因：一是企业的安全教育和安全管理存在问题。在安全教育上，应对运输化学品的驾驶员讲解有关化学品知识、安全防护知识，以及应急处理知识，从人员中毒后的处理情况看，企业没有进行认真的安全教育。在安全管理上，运输化学品的车辆应配备抢救器材，但是没有配备，这是安全管理部门的失职。

二是个人安全意识存在问题。事故发生后，衣服和鞋袜都沾上化学品，自己也接触了化学品，如果有化学品方面的知识，就不会麻痹大意，会细致地进行处理，从而消除危害。可惜的是，企业安全教育不够，个人又缺乏这方面的知识，由此而导致死亡事故的发生。

事故案例之三：吸入毒气后没有及时治疗导致的伤亡事故

1. 事故经过

1998 年 7 月 24 日凌晨 1 点多钟，某化工厂在生产过程中，硝酸车间浓硝工段三轮班工长赵某某，在与一名女工共同关闭高压釜岗位加氧阀时，违章作业，关闭阀门时不戴防毒面具（每人都配有防毒面具），仅凭着经验憋口气，关好就回。但是由于误差，被旁边高压釜大盖泄漏的氮氧化物气体呛了一口。吸入毒气后，赵某某这时应该休息，及时接受治疗，防止出现中毒，可他没有在意，只喝了一瓶炼乳，未采取其他措施，仍坚持指挥生产。其间咳嗽多次，略感腰痛，曾到室外空气新鲜处休息几次。7 点 15 分，工段长上班得知这一情况后，用自行车将赵某某送入医院，接受输液、高压氧舱治疗，10 点多钟，病情开始恶化，经多方努力抢救无效，于当晚 21 点 30 分死亡。

2. 事故教训与防范措施

这是一起发人深省的事故，它给人们以深刻的教训：在任何情况下都要按章办事，不能心存侥幸。赵某某身为班长，对氮氧化物的毒性危害是十分清楚的，但他却违章作业，关闭阀门时不戴防毒面具，仅凭着经验憋口气，关好就回。但由于处理时间上的拖延，不幸吸入毒气。这种违章作业属于习惯性违章作业，与车间平时安全违章处罚不严有很大的关系。这就要求企业的管理人员平时要严格执法，在安全生产问题上不能讲情面。

这起事故还有一个教训，送中毒工人到医院时，应该把中毒物质讲清楚，这样才能对症下药，赵某某之死就是例证。赵某某在中毒不很严重的情况下（上医院时是坐着自行车自己上下的），由于对化学知识的了解有限，叙述中毒过程时抓不住要害，导致误诊。一些工人经常把许多种中毒笼统地称为“中毒”，让医生进行诊断，但医生及医院在短时间内很难诊断出何种毒物中毒并且对症下药，这就容易造成延误，错过最佳治疗时机。因此，在化学品生产、经营、运输、储存、使用企业中积极推行化学物质信息卡，对于防范事故和事故发生后的抢救十分必要。

讨论题：

1. 高温作业的三种类型是什么？
2. 高温作业对人体生理功能有哪些影响？
3. 发生中暑的四种类型是什么？
4. 日常生活中预防中暑的方法和措施有哪些？
5. 生产性噪声有哪些危害？
6. 噪声对人体有哪些不良影响？
7. 生产性噪声的预防措施有哪些？

第六章　职业性皮肤病和职业肿瘤防治知识

职业性皮肤病是指在生产劳动中以化学、物理、生物等职业性有害因素为发病的主要原因，而引起的皮肤及其毛囊等附属器官的疾病。某些化学物质除了能引起皮肤损害外，还可通过皮肤吸收引起中毒。

国家颁布的《职业病目录》规定，职业性皮肤病共有以下8种：接触性皮炎；光敏性皮炎；电光性皮炎；黑变病；痤疮；溃疡；化学性皮肤灼伤；根据《职业性皮肤病诊断标准（总则）》可以诊断的其他职业性皮肤病。

第一节　职业性皮肤病防治知识

一、职业性皮肤病临床类型和引发原因

1. 职业性皮肤病临床类型和致病因素

职业性皮肤病的致病因素众多，临床类型各异。同一致病因素可引起不同临床表现，同一临床表现又可由不同致病因素引起。

职业性皮肤病常见的临床类型及主要致病因素如下：

（1）职业性皮炎

1）接触性皮炎：指化学及生物因素引起的刺激性或变应性皮炎；

2）光敏性皮炎：由光敏性物质和光线共同作用引起的皮炎；

3）光电性皮炎：指接触人工光源（电焊等）引起的急性皮炎；

4）放射性皮炎：身体局部受到X、γ及β射线等外照射所引起的放射性皮炎。

（2）职业性皮肤色素变化

1）职业性黑变病：长期接触煤焦油、石油分馏产品、橡胶添加剂、某些颜料、染料及其中间体等引起的一种特殊的慢性皮肤色素沉着；

2）职业性白斑：长期接触苯基酚或烷基酚类等引起的皮肤色素脱失斑；

3）职业性痤疮：由煤焦油或高沸点石油分馏产品、卤素及其化合物等引起的痤疮样皮损；

4）职业性溃疡：指由铬、铍、砷等化合物引起的“鸟眼型溃疡”；

5）职业性疣赘：因长期接触沥青、焦油、页岩油等在接触部位发生的扁平疣、寻常疣或乳头瘤样皮损，以及接触石棉引起的石棉疣；

6）职业性角化过度、皲裂：由于长期接触脂肪溶剂和碱性物质以及机械性摩擦等引起；

7）职业性痒疹：指虫咬引起的丘疹性荨麻疹样损害，如谷痒症等；

8）职业性浸渍、糜烂：指长时间浸水作业引起的皮损；

9）职业性毛发改变：指矿物油、沥青等引起的毳毛折断或增生；

10）职业性指甲改变：指长期接触碱类物质、矿物油及物理因素等引起的平甲、匙甲、甲剥离等；

11）其他发病与职业接触有明确因果关系的皮肤病，如玻璃纤维引起的皮肤瘙痒症等。

2. 生产中能引起职业性皮肤病的主要原因

生产中引起职业性皮肤病的主要原因包括：

（1）化学性原因。这是引起职业性皮肤病的主要原因，占职业性皮肤病的90％以上。根据化学物的作用机制，可将其分为原发性刺激物、致敏物和光敏物三种。

1）原发性刺激物。指对皮肤能产生刺激作用的化合物，其特点是接触这类化合物的时间、浓度、剂量达到一定程度后，所接触的局部皮肤就会有炎症反应。

2）致敏物。指对皮肤能引起过敏反应的化合物，其特点是皮肤第一次接触这类化合物时并不起反应，而以后再接触时却引起炎症反应。

3）光敏物。指能引起皮肤光敏反应的化合物，光敏反应指某些化合物与皮肤接触并无反应，但经过特定波长的光线照射后，则可引起皮肤炎症的反应。

（2）物理性原因。由其引起的职业性皮肤病的发病率较低，而且在许多情况下是和化合物共同作用而致皮肤病。具体原因可分为以下几类：

1）机械作用。如反复或持续的机械摩擦和压迫引起局部皮肤发生胼胝；石棉或玻璃纤维刺入皮肤刺激皮肤生成疣状物等。

2）温湿作用。如高温辐射能引起皮肤火激红斑或色素沉着；手长期在热水中工作，会引起手部皮肤浸渍、皮炎和糜烂等。

3）日光和人工光源，如长期在日晒下生产劳动，皮肤可出现晒斑和炎症；电焊可引起电光性皮炎；紫外线可引起急性皮炎等。

4）放射线。可引起急、慢性放射性皮肤损伤。

（3）生物性原因。生物性原因可分为植物和动物两类原因。

1）植物。一些树木和植物的浆汁、花粉、尘屑可对皮肤产生刺激作用或致敏作用，如漆树、野葛、荨麻等能致皮肤炎症反应；茴香、柠檬、芸香、无花果等能引发皮肤光敏性皮炎。

2）动物。如螨类可引起螨虫皮炎，家畜血吸虫尾蚴可致稻田皮炎，炭疽杆菌所致皮肤炭疽病；海蜇、水母等刺胞动物引起的刺胞皮炎等。

职业性皮肤病的发生除上述主要原因外，也受到一些其他因素的影响，如年龄、性别、皮肤类型、季节，以及个人卫生和劳动防护情况、生产环境情况等。

3. 职业性皮肤病的预防原则

职业性皮肤病涉及面广，发病人数多，对它的预防工作显得格外重要。绝大多数职业性皮肤病都是由于直接或间接地受到化合物污染皮肤所致，因此预防的关键是隔断接触，同时采取综合预防措施。其预防原则如下：

（1）参照职业禁忌证。根据各人体质安排适应的工种。如对有严重皮肤干燥或皲裂的人，就不适宜安排其接触有机溶剂、碱性物质的工种；对敏感体质的人，不宜安排在化工、制药等工种岗位上工作。

(2) 改善作业环境。加强生产设备密闭化、管道化，操作自动化、机械化，安装通风、排毒、除尘设备，防止毒物“跑、冒、滴、漏”等。

(3) 加强个人防护。配备必需的防护设施和防护用品，同时加强培训教育工作，加强作业人员的防护意识。

(4) 搞好职业卫生、环境卫生和个人卫生。这是最有效的预防措施之一，应积极进行职业卫生、环境卫生、个人卫生宣传，经常检查，加强监督。

二、职业性皮肤病的症状与处置措施

1. 职业性接触性皮炎的类型与预防

接触性皮炎是职业性皮炎中的一种，是因在生产劳动中直接或间接接触了具有刺激性或致敏作用的有害因素，而引起皮肤的炎症反应。这类皮炎占职业性皮肤病中的绝大多数。溶液、粉尘、烟气均可致病。根据其发病机制不同，分为原发刺激性接触性皮炎和变应性接触性皮炎两种类型。

(1) 原发刺激性接触性皮炎。简称刺激性皮炎，在接触性皮炎中占多数。皮炎主要发生在直接接触刺激物的裸露的局部皮肤，如发生于腰部、股内、外阴等隐蔽部位，多是由于工作服污染或被污染的手抓挠等间接接触所致。一般表现有局部瘙痒或有烧灼感，继而发生红斑、水肿、丘疹、水疱、糜烂、结痂等皮损症状。皮损的病变可因病情的轻重而终止在任何阶段，如轻者则表现红肿、瘙痒，几天后脱屑即痊愈。

(2) 变应性接触性皮炎。简称变应性皮炎，由致敏物引起。其特点是初次接触致敏物并不发病，而在连续接触或间隔一段时间后又重新接触时发病，有明显的个体差异，即接触的人不一定都发生皮肤炎症。皮肤损害同刺激性皮炎相似，但少见大疱，界限也不十分明显，可向周围扩展，严重的可波及全身。

职业性接触性皮炎的常见致病物分为两类：

一类是对皮肤产生刺激作用，包括：①脱水剂：强酸、强碱等；②氧化剂：铬酸及其盐类、游离碘、溴、次氯酸盐、过硫酸盐、硝酸盐等；③蛋白沉淀物：鞣酸、重金属盐等；④角质溶解剂：水杨酸、雷锁辛等；⑤去油剂：酒精、醚、氯仿、三氯乙烯等；⑥其他：农药、除草剂、杀虫剂、合成清洁剂、助焊剂、脱毛剂、润滑油等。

另一类是导致皮肤发生变态反应，包括：①金属及其盐类：六价铬酸盐、镍盐、钴盐、汞盐等；②树脂：大漆、环氧树脂、酚醛树脂、脲醛树脂、三聚氰胺甲醛树脂等；③染料：偶氮染料、苯胺染料、分散染料等；④橡胶组分：巯基苯并噻唑类、氨基甲酸类、萘胺类、秋兰姆类、二苯胍、对苯二酚及其衍生物等；⑤植物：坚果壳油、某些花和植物的浸出液等；⑥清洁剂：肥皂添加剂、合成清洁剂等；⑦香料：肉桂醛、氢化香茅醛等；⑧其他：甲醛、二硝基氯化苯、二硝基氟化苯、胺类固化剂、松香、松节油、照相显影剂等。

2. 职业性光敏性皮炎的症状及治疗原则

职业性光敏性皮炎是指在劳动中，接触光敏物质（如煤焦沥青、氯丙嗪及其中间体、苯、蒽、酮等），并受到日光照射而引起的皮肤炎症性反应。有光敏病史和光敏性皮肤病者，不宜从事接触光敏物质的工作。

职业性光敏性皮炎的治疗原则是：及时清除皮肤上存

留的致病物；暂时避免接触光敏性物质及日光照射；根据病情按急性皮炎治疗原则对症治疗。

其处理原则是：严重的光毒性皮炎，在治疗期间可根据病情需要给以适当休息。治愈后，改善劳动条件和加强个人防护或避免在日光下操作，可从事原工作。严重的光变应性皮炎，反复发作者，除给以必要的休息、治疗外，可考虑调换工种，避免接触光敏物质。

3. 电光性皮炎的症状及治疗原则

电光性皮炎属于职业性皮炎的一种，是由于在生产中接触人工紫外线光源，如电焊器、炭精灯、水银石英灯而引起的皮肤急性炎症。一般只要加强劳动防护工作，这种症状很少发生。

患者一般于照射后几小时内发病，呈急性炎症。皮肤损害仅限于光照部位，有明显的光照界限，炎症程度与光的强弱、照射时间长短有关。轻者表现为水肿性红斑，有灼热感，重者可发生水疱或大疱，甚至表皮坏死。如是面部损害，常伴有电光性眼炎。

4. 职业性黑变病皮炎的症状及治疗原则

职业性黑变病是指劳动或作业环境中存在的职业性有害因素（主要是煤焦油、石油及其分馏产品，橡胶添加剂，某些颜料、染料及其中间体等）引起的慢性皮肤色素沉着性疾病。

黑变病呈渐进性慢性经过，呈现以暴露部位为主的皮肤色素沉着，严重时泛发全身，可伴瘙痒及轻度乏力等症。

（1）色素沉着前或初期，常有不同程度的红斑和瘙痒，待色素沉着较明显时，这些症状即减轻或消失。

（2）皮损形态多呈网状或斑（点）状。有的可融合成弥漫性斑片，界限不清楚；有的呈现以毛孔为中心的小片状色素沉着斑。少数可见毛细血管扩张和表皮轻度萎缩。

（3）颜色呈深浅不一的灰黑色、褐黑色、紫黑色等，在色沉部位表面往往有污秽的外观。

（4）色沉部位以面颈等露出部位为主，可以发生在躯干、四肢或呈全身分布。

（5）可伴有轻度乏力、头昏、食欲不振等全身症状。

5. 职业性痤疮的症状及治疗原则

职业性痤疮是指在生产劳动中接触矿物油类或某些卤代烃类引起的皮肤毛囊、皮脂腺系统的慢性炎症损害。由煤焦油、页岩油、天然石油及其高沸点分馏产品与沥青等引起的称为油痤疮；由某些卤代芳烃、多氯酚及聚氯乙烯热解物等引起的称为氯痤疮。

职业性痤疮的职业禁忌证有：

（1）皮脂溢出明显或有严重寻常痤疮患者，不宜从事接触焦油、沥青、高沸点馏分的矿物油、多氯苯、多氯萘、多氯酚及某些溴代芳烃化合物的工作

（2）皮脂溢出明显或严重痤疮患者不宜从事接触致痤疮物的工作，是考虑到痤疮的发生与皮脂分泌有一定关系，根据体质安排工作，可能减少发病，但不是绝对的，因此对已就业者不能以此作为改换工种的依据。

6. 职业性皮肤溃疡的症状及治疗原则

职业性接触铬、铍、砷等化合物所致特异性皮肤溃疡，不包括职业化学性皮肤灼伤、烧伤、冻伤等病所致或其他基于血运障碍所致皮肤溃疡。

职业性皮肤溃疡好发部位多在手指、手背、前臂及小腿等直接接触部位，发病前局部常有皮肤损伤史，如皮炎、

虫咬、抓破以及各种外伤等。常见的由铬、铍化合物所致皮肤溃疡多呈鸟眼状，有时因外伤影响呈线形或不规则形，少数由其他致病物所致者则边缘常无明显的堤岸状隆起。

职业性皮肤溃疡的皮损初期多为局限性水肿性红斑或丘疹，继之中心演变成淡灰色或灰褐色坏死，并于数天内破溃绕以红晕。而后溃疡四周逐渐高出皮面。典型的溃疡多呈圆形，直径约为 2～5 mm，表面常有少量分泌物或覆以灰黑色痂，周边为宽 2～4 mm 的质地坚实的暗红色堤岸状隆起，使整个皮损状似鸟眼。恢复过程中炎症逐渐消退，溃疡变浅、缩小、愈合，最后堤岸状隆起逐渐变平，遗留轻度萎缩性疤痕。溃疡可有轻度压痛，疼痛一般不明显，但可于接触强刺激物后加重。

职业性皮肤溃疡治疗及处理原则是：及时清除皮肤上残留的致病物，清洁创面，对症治疗。破损的皮肤接触致病物后，应立即用流水彻底冲洗，并保护创面，防止溃疡形成。

职业性皮肤溃疡目前以对症治疗为主。治疗时，强调反复清洁创面及上覆不透水敷料固定，这样既能隔绝致病物、提高药效，又能在不脱离生产条件下进行治疗。职业性皮肤溃疡一般不影响劳动，在加强防护的情况下，可继续从事原工作。

职业性皮肤溃疡的职业禁忌证是暴露部位严重的慢性皮肤病，其中，慢性皮肤病是指暴露部位的慢性皮炎、湿疹、银屑病等。

7. 大漆引起皮炎的应对措施

大漆又称生漆，是漆树产生的一种天然树脂。接触漆树、漆液或漆器的人，特别是大漆生产、加工及油漆工人，大都可发生大漆性皮炎，多呈接触性皮炎表现，在接触大漆1～2周内，皮肤出现潮红、水肿及瘙痒，并逐渐出现丘疹和水疱，也可融合成大疱，破溃后出现糜烂，浆液渗出后向周围扩展，成大片状，或向全身蔓延。1周后水肿及渗出逐渐好转，趋向恢复。个别人也可出现荨麻疹型皮炎，皮肤潮红，瘙痒，手抓后出现风团，可融合成片，明显高出皮肤。持续1～2日，可消退。

大漆性皮炎是一种变态反应，大漆中的漆酚具有高度的致敏作用。急性皮炎反复发作以后，身体会产生抗体，对大漆的抵抗力就增强了，皮炎的发病程度逐渐减轻，这在医学上叫做自然脱敏作用。所以，工人的工龄越长发病率就越低。

8. 油疹的发生原因与治疗措施

石油由多种化合物组成，可制造成汽油、煤油、柴油、机油、黄油及沥青等产品；煤焦油是生产焦炭和煤气的副产品，从中可提炼出苯、甲苯、二甲苯、萘、苯酚及甲酚等多种化合物，分馏可得到轻油、中油、重油及沥青等。如果长期接触这些化工产品，就可导致皮肤毛囊增生，加上粉尘的机械性阻塞作用使皮肤发生痤疮和毛囊炎，通常称为油疹。

油疹多于皮肤接触石油产品数月后逐渐发生，身体受污染严重和容易受摩擦的部位（面部、手部、前臂、腿的前侧和内侧、肩部及腹壁等处）多发。首先在毛囊口出现黑头，有痒感，进一步可出现暗红色丘疹或小结节，中央有小黑点，称为角片痤疮。毛囊周围皮肤为鲜红色，表面有小脓疱，并可以结成疖肿，炎症明显者可出现发热等症状。这种毛囊炎，病情进展缓慢，时轻时重，常经久不愈。

得了油疹，要注意皮肤清洁，每日工作后要淋浴，非工作时间不穿工作服。外涂 5%复方硫黄洗剂、红霉素软膏、2.5%～5%的过氧化苯甲酸、维甲酸霜等。皮肤损伤严重或有发热等表现者可应用抗生素等药物。并可口服维生素 A、复合维生素 B 等。

9. 化学烧伤特点与现场急救

化学烧伤是由于强酸、强碱、磷和氢氟酸等化学物质所引起的烧伤。常见的有皮肤化学烧伤、呼吸道化学烧伤、消化道化学烧伤的及眼化学烧伤。引起化学烧伤的原因既有工厂设备陈旧失修、管理不善等原因，又有劳动者在搬运、倾倒、配制酸碱时违反操作规程等因素。

化学烧伤有以下特点：①皮肤化学烧伤多呈进行性伤害，如不清除致伤物质，可使组织的损害加深，直至皮脂或肌肉；②有的化学物质可以经烧伤处吸收，导致中毒，如苯酚、黄磷等；③化学烧伤与热力烧伤相比，多呈外轻内重的特点。如强碱烧伤表面可结软痂，镁、铍烧伤可发生深溃疡及肉芽肿；④碱烧伤远比酸烧伤严重，因碱侵入皮肤后，不但使皮肤变性，而且使皮下脂肪皂化，使侵害范围更广、更深；⑤一些化学烧伤的早期，因症状轻、烧伤面积小易被忽视，对烧伤深度也往往估计不足。如质量分数在 40%以下的氢氟酸对皮肤损害较缓慢，一般在接触后 2～3 h 才加重。

发生化学烧伤之后，需要有针对性地进行现场急救和治疗。

（1）被强酸烧伤的现场急救和治疗。强酸包括硫酸、盐酸、硝酸是强腐蚀剂，可以液体和气体形式侵害人体，引起皮肤、眼睛、呼吸道及消化道的烧伤。被强酸烧伤后要立即进行现场自救：①立即脱去被污染衣物，并迅速脱离现场；②立即用大量自来水冲洗创面，一般不少于 20 min；③保护创面，用干净布单包裹后急送医院。

进一步治疗措施如下：①应用质量分数为 5%的碳酸氢钠洗涤中和，然后再用清水冲洗；②皮肤创伤面涂布抗生素软膏，全身应用抗生素预防感染；③抗休克及对症治疗；④给予高营养饮食，不能口服者，静脉输入高营养液体。

（2）被碱烧伤现场急救和治疗。碱烧伤的现场急救措施包括：①脱离现场，脱去被碱污染的衣物；②大量自来水冲洗，时间不少于 30 min；③干净布简单包扎后送医院治疗。

碱烧伤的急诊处理措施有：①继续用自来水冲洗后用 2%醋酸溶液洗涤中和，再用质量分数为 3%的硼酸水湿敷；②烧伤时创面较大，要积极防治休克；③如有呼吸困难，应及早进行气管切开，必要时用呼吸机通气；④应注射破伤风抗毒素，并行抗感染治疗；⑤加强营养，增强患者抗病能力。

需要注意的是，金属钠及钾造成的烧伤则不应用水冲洗，宜用油类清洗，因为钠、钾遇水产生强烈化学反应，释放热量，造成化学和热的复合伤。另外，氨烧伤容易造成呼吸衰竭，应及时气管切开，必要时用呼吸机通气治疗。

第二节　职业性肿瘤防治知识

由职业性接触致癌因素引起的肿瘤称为职业性肿瘤。2002 年卫生部和劳动和社会保障部联合颁发的《职业病目录》中规定了 8 种职业性肿瘤：石棉所致肺癌、间皮瘤，联苯胺所致膀胱癌，苯所致白血病，氯甲醚所致肺癌，砷所致肺癌、皮肤癌，氯乙烯所致肝血管肉瘤，焦炉工人肺癌，铬酸盐制造业工人肺癌。

一、职业性肿瘤的特点与预防措施

1. 职业性肿瘤的特点

职业性肿瘤与一般人发生的肿瘤在症状、表现、病理组织学和治疗等方面没有太大区别，但也具有自己的特点。

（1）肿瘤的发生与职业密切相关。如从事铬生产的工人肺癌发生率比一般人高；皮肤接触煤焦油、沥青及砷化物等，可发生皮肤癌；长期吸入苯可导致白血病等。长期接触职业性致癌因素，其肿瘤发生率明显高于一般人。但需要说明的是，切不可把接触致癌因素者发生的肿瘤都认为是职业性的，要根据致癌物质的毒力、接触量、接触方式及作用时间等做综合判断。

（2）发病年龄及潜伏期较短。职业性肿瘤比同种的非职业性肿瘤，发病年龄要提前 10 年左右。我国 1982 年调查 8 种致癌物质所致职业性肿瘤的潜伏期为 10～22.9 年，比非职业性肿瘤患者的潜伏期要短。

（3）病情发展快，恶性程度高，死亡率高。职业性肿瘤一旦形成，往往波及多个器官，如芳香胺引起的膀胱癌，很快波及整个泌尿系统。职业性肿瘤一旦形成，很少自愈，死亡率明显增高。

（4）职业性肿瘤有较固定的好发部位。如焦炉工的癌症好发在肺部；染料生产工的癌症多发生在肾脏、输尿管、膀胱及尿道等部位；石棉生产及使用的工人多发生肺癌和间皮瘤等。

2. 引起职业性肿瘤的因素

与职业有关的能引起肿瘤的因素称职业性致癌因素，是重要的职业危害因素之一。一般分为3大类：一是机械刺激，如反复外伤刺激；二是物理因素，如紫外线、电离辐射等；三是化学因素，如某些无机与有机化合物等。

世界卫生组织（WHO）下属国际癌症研究中心（IARC）公布的致癌性化学品有：4-氨基联苯、联苯胺、β-萘胺，可致膀胱癌；砷和砷化合物，可致肺癌、皮肤癌；苯、环氧乙烷，可致白血病；石棉、铍及铍化合物、二氯甲醚和氯甲甲醚、镉及镉化合物、强硫酸烟雾、含石棉样纤维的滑石粉、纯石英粉和方石英粉，可致肺癌；六价铬化合物、镍化合物，可致鼻腔癌和肺癌；煤焦油沥青，可致皮肤癌、肺癌、膀胱癌；矿油、页岩油，可致皮肤癌；芥子气，可致喉癌和肺癌；氯乙烯，可致肝癌、肺癌；木尘，可致鼻腔癌。

3. 预防职业性肿瘤的措施

职业性肿瘤的临床表现与一般肿瘤基本相同，只是在确诊肿瘤后再作病因诊断，以确定同职业的关系。对职业性肿瘤的治疗原则也同一般肿瘤，但应对接触职业致癌因素的职工进行定期体检，争取对肿瘤早发现、早诊断、早治疗。及早脱离接触致癌物的作业，对患者愈后有好处。加强对职业致癌因素的控制与管理，对预防职业性肿瘤至关重要。第一，改革生产工艺技术，尽可能采用代用品来替代致癌物；第二，加强对致癌因素的严密监控与管理，加强劳动保护措施，改善劳动条件；第三，定期进行职业健康检查，早期发现易感者，及时诊断治疗患病者。

二、职业性肿瘤的常见病源

1. 职业性呼吸道肿瘤的常见病源

职业性呼吸道肿瘤的常见病源如下：

（1）砷。砷可分为有机砷和无机砷，有致癌作用的是无机砷。无机砷在生产上有着广泛用途，可用于生产除莠剂、防腐剂、颜料、玻璃脱色剂、医药、半导体、煤气触媒剂等。因此在上述产业的有关作业中，均有接触的机会。此外，开采含砷矿及从事有色金属冶炼，也有机会接触到砷。

砷可经呼吸道、消化道、皮肤侵入机体，引起毒害作用。工人长期在含较高浓度无机砷的环境中劳动，可发生肺癌和皮肤癌。其发病率与砷的浓度及接触时间有关。平均发病年龄在55岁左右，平均潜伏期在22年左右。

（2）石棉。石棉是一种天然的纤维状矿物，具有耐热、耐腐蚀、绝缘、隔热保温、耐摩擦、抗拉强度大等性能，被广泛应用于机械、石油、化工、电器、交通运输、建筑等行业。在石棉的开采、筛选、包装、运输、加工，以及对石棉制品的使用、废料处理等过程中，可产生大量粉尘，吸入石棉粉尘可导致肺部纤维化，严重的可诱发肺癌、间皮瘤，以及其他部位的恶性肿瘤。

石棉所致肺癌，在石棉厂中以原料工发病率最高，其次为装卸工和梳纺工；在石棉矿中以选矿的精选工和粗选工发病率最高。肺癌的发病工龄一般在20年左右，多数是在10年以上。接触石棉又同时吸烟，可极大地增加肺癌发病率。

（3）铬。人群流行病学调查已证明，铬特别是六价铬可致呼吸道肿瘤。从事铬酸盐生产的工人的肺癌发病率比一般人高，其患肺癌死亡人数占全部死亡人数的 20%～45%（一般人群为 8%～12%），铬酸盐生产工人发生肺癌死亡的危险度比一般人高出 3～30 倍。铬铁合金生产也有类似情况，但电镀过程接触铬酸的工人则未见有此现象。

（4）氯甲醚类。氯甲醚是一种卤化醚，是重要的工业化合物和实验用试剂。主要用做甲基化的原料，包括离子交换树脂、防水剂和纺织品处理剂的生产，聚合反应的溶剂等。在酸性条件下，氯离子和甲醛可形成氯甲醚，所以在纺织、造纸、塑料和橡胶工业中，也有氯甲醚存在于空气中。氯甲醚对皮肤、呼吸道和眼结膜有强烈的刺激作用，长期吸入高浓度氯甲醚可致肺癌。氯甲醚具有致癌性强、潜伏期短、发病年龄低的特点。

（5）其他。接触放射性物质、芥子气、异丙油、镍精炼、多环芳烃等，均可使呼吸道肿瘤增多。此外，吸烟对职业性呼吸道肿瘤可有明显影响或相互作用。

2. 职业性膀胱癌的常见病源

职业性膀胱癌因与职业的关系非常密切而在职业性肿瘤中占有重要地位，在膀胱癌死亡病例中有 20%可找到可疑的致癌物接触史。现已证实职业性膀胱癌主要由于接触芳香胺类化学物质所致，其中常见的有 β-芥胺、金胺、夏红等。这类物质的用途主要是染料中间体或橡胶塑料防老剂。

目前全世界报道的职业性膀胱癌已超过 3 000 例，主要发生在涂料化工、橡胶塑料、电缆制造、纤维印染或印刷以及煤气、炼焦油、沥青等作业工人中。

3. 职业性皮肤癌的常见病源

职业性皮肤癌是最早发现的职业肿瘤，约占人类皮肤癌的10%。职业性皮肤癌与致癌物的关系往往是最直接、最明显的，经常发生在暴露部位和接触局部。最早发现的皮肤癌是扫烟囱工人的阴囊皮肤癌，它是由于阴囊皮肤直接接触煤焦油类物质所引起。亦可由乳头状瘤发展而成，并以扁平细胞角化癌较为常见。

页岩油、煤焦油、沥青、木馏油等在引起职业性皮肤癌前可出现癌前皮损，表现为接触部位产生煤焦油黑变病、痤疮和乳头状瘤（或称“煤焦油软疣”），最常见于面、颈、前臂和阴囊。其他前驱性皮损还可有皮肤炎症、红斑疹、指甲变形、白斑症、角化过度和局限性侵蚀性溃疡等。

接触无机砷化物可诱发皮肤癌，早期四肢及面部皮肤出现过度角化、色素沉着、溃疡形成、Bowen病。这些变化可能属于癌前病变，可发展成扁平细胞角化癌或腺癌。

长期接触X射线，又无适当防护的工作人员患皮肤癌增多，潜伏期为4～17年，多见于手指。早期皮肤呈局灶性增厚，有较深的皱纹与擦损、局部萎缩、皮肤色素加深或减退、毛细血管扩张、指甲变脆、甲面成沟并凹陷，有时可出现溃疡，称为X线皮炎。在皮炎的基础上，进一步发展可出现癌变。但目前认为，电离辐射引起的皮肤癌，在一般职业条件下不常见。

4. 职业性白血病的常见病源

接触高浓度苯可引起白血病，以急性粒细胞性白血病最常见，也可引起较罕见的红白血病。

苯是一种芳香族烃类化合物，在工业生产中有广泛的用途，主要用做橡胶、树脂、漆、油脂的溶剂或稀薄剂，以及用做药物、染料、洗涤剂、化肥、农药、苯酚、苯乙烯等的合成原料。苯的毒性主要作用于造血系统，可引起白细胞减少、血小板减少、贫血、全血细胞减少，严重的可致再生障碍性贫血和白血病。苯所致白血病在油漆工人中发病率较高。其中，发病年龄在26～62岁，平均40岁左右；接触苯工龄在0.8～49.5年，平均11年左右；从接触苯到发生白血病的潜伏期平均10年左右。苯所致白血病与非苯所致白血病的区别，主要表现在苯所致白血病患者有较长时间和较高浓度苯的密切接触史，且化疗效果很差。

5. 氯乙烯所致肝血管肉瘤的预防

氯乙烯主要被用于制造聚氯乙烯塑料，还可用于制作绝缘材料、黏合剂、涂料及纺制合成纤维等，用途也较广泛。氯乙烯主要以气体形态通过呼吸道侵入机体，急性毒性作用主要是麻醉作用。作业人员如长期吸入较高浓度则严重中毒，可引发肝血管肉瘤。

积极采取预防措施是防治该病最有效的办法。对氯乙烯生产应尽可能密闭化、自动化，以隔断作业人员与氯乙烯的接触；尤其要注意保护清釜工和聚合工，在进行聚合釜清洗、刮渣或检修时，必须先对釜内通风换气，或用高压水或无害溶剂冲洗，工人必须佩戴防毒用具和眼镜，要在有人监护的情况下进入；并尽可能采取措施减少进釜次数和时间；对作业人员必须加强医学监护，凡有肝脏病、皮肤病者，应禁止从事接触氯乙烯的作业。

6. 焦炉工人肺癌的预防

烟煤在高温缺氧的焦炉中产生的大量气体、蒸气和烟尘，以及在装煤、出焦、熄焦过程中产生的气体、蒸气和烟尘，多大量逸散出焦炉，弥漫于焦炉所在作业场所的空气中，它们被统称为焦炉逸散物。在这些逸散物中，煤焦油是其重要成分之一，内含有多种已被公认的致癌物。这些焦炉逸散物通过呼吸道侵入机体，可对人体产生危害，作业人员如长期吸入较高浓度的焦炉逸散物，可引发焦炉工人肺癌。据流行病学调查研究表明，长期在这种环境下作业的焦炉工人肺癌发病率特别高，明显多于其他人群。其中，如按工作区划分，患肺癌的可能危险度，在炉顶工作的作业岗位最危险；其次为在炉侧工作的作业岗位，其他工作区最小。

7. 铬酸盐制造业工人肺癌的预防

铬酸盐在皮革、颜料、催化剂、电镀、木材保存等行业中有着广泛应用，在铬酸盐制造厂工作的工人肺癌发病率明显高于其他企业。其中，作业人员肺癌发病率同接触铬酸盐浓度有密切关系，尤以接触浓度高的转炉和制造两大工种肺癌发病率最高。作业人员肺癌发病率还与接触铬酸盐时间有关，接触工龄越长，发病率就有增高趋势。此外，作业人员肺癌发病率还与吸烟密切相关，吸烟可增加发病几率。

☆事故案例：

事故案例之一：安全常识匮乏致多人二氧化氮中毒事故

1. 事故经过

2003 年 8 月 18 日 17 时，福建省南靖县某台资食品公司原料处理车间，安排 10 名工人清理公司用于腌渍青长豆的腌菜池及周围环境卫生。在清理过程中，先是卢某和李某清理池底，半小时后蔡某下去帮忙。在清理废弃物时，蔡某闻到一股好似烂青豆的气味，约 20 min 后便感觉头晕、恶心、呕吐、四肢乏力、呼吸困难，随即昏倒。此时在腌菜池上面的车间主任吴某发现情况，认为天气炎热，蔡某中暑了，就下去救人，到池底转身发现另一角落的卢某、李某也倒在池底。吴某随即呼叫池面上的工人拿绳子来拉人，与此同时自己感到头晕、恶心、乏力。池面上的 2 名青年女工见状，立即下去帮忙救人，在池底也闻到烂菜豆味，并出现中毒症状。最后，在公司工人的积极抢救下，6 名下池工人及时送往县医院抢救。蔡某、李某于第 2 天出院，卢某转送市级医院抢救，第 3 天痊愈出院。

2. 事故原因分析

造成事故的直接原因，是公司员工缺乏职业卫生知识，下池底抢救的 3 名工人未戴防毒口罩，也未采取其他应急措施。此外，车间主任吴某认为池底工人昏倒属于中暑，缺乏职业中毒知识，导致参加抢救的工人也发生轻度中毒。

造成事故的间接原因，是公司领导安全生产意识淡薄，从未对员工进行过职业安全卫生知识教育，认为企业本身对食品生产要求严格，不会发生职业中毒事故。

3. 事故教训与防范措施

（1）加强对职业卫生监管，加强对职工的安全教育，特别是需要加强有关职业卫生知识培训，让职工了解有毒有害物质，了解职业病危害因素。

（2）对可能存在职业病危害因素的岗位设立警示标志，配齐相应的防护设施，减少职业危害的发生。

（3）强化企业职业病危害因素的摸底调查，做好职业病危害因素的申报制度。

事故案例之二：清理醇酸树脂反应罐导致甲苯中毒事故

1. 事故经过

2003年8月9日9时左右，山东淄博市某化工企业操作工王某在生产过程中，准备清理醇酸树脂反应罐内残渣。在未戴任何防护面罩的情况下，王某进入醇酸树脂反应罐内，约10 min后感到头晕、恶心，出罐休息5 min后症状好转，便再次进入罐内继续工作。15 min后出现眩晕、乏力、站立不稳，随即意识丧失。李某发现后，立即进入罐内将王某拖出，出罐后李某也出现头晕、乏力、恶心、步态蹒跚等症状。厂方立即将2人送入医院抢救，经诊断为急性甲苯中毒。

2. 事故原因分析

造成事故的直接原因，是操作工王某对所接触的化学物质的毒性缺乏认识，防护意识差，在未戴任何防护面罩的情况下进入醇酸树脂反应罐内作业，导致中毒事故。

造成事故的间接原因，是企业领导重视不够，职工认识不足，企业没有对职工进行严格的技术培训，职工遵章守纪差，违章作业。

3. 事故教训与防范措施

（1）企业领导首先应该充分认识企业内存在的职业危害，并针对危害加强防护措施和对员工的培训教育，使其掌握基本的劳动防护常识。

（2）改善劳动条件，从源头上杜绝此类事故的发生。

事故案例之三：缺乏知识导致一氧化碳中毒死亡事故

1. 事故经过

2004 年 4 月 1 日凌晨，福建省某工地发生一起一氧化碳中毒事故，造成两人死亡。

2004 年 3 月 31 日，工程已经完工，施工人员准备于次日下午撤离工地。傍晚 6 时 30 分左右，工地管理人员林某与施工人员徐某兄弟 2 人吃罢晚饭，林某临走前交代徐某睡觉前早点关掉汽油发电机，因汽油已不多，明天上午还要用它发电。当时发电机放在中间的大厅里，林某离开时又交代他们不要将发电机拉到房间里去。4 月 1 日早晨 7 时许，林某回到工地，发现徐某 2 人尚未起床，遂在房子前后高声大叫，结果没有人回答。于是爬上两人睡觉的房间窗台，将手伸进未安装玻璃的小气窗将窗户的插闩拉开，从窗口进入房间，推拉两人，但两人已经没有气息，并闻到浓烈的汽油机烟气味。林某赶紧打开房间通往外间的门，发现汽油发电机就放在外间，排气管正好对准卧室的门底下的缝隙，遂将还在运转的汽油发电机关掉。

2. 事故原因分析

造成事故的直接原因，是一氧化碳中毒，一氧化碳来自汽油发电机。因为，安放汽油发电机的房间仅 10 m^2 左右，且门窗紧闭，发电机缺氧运转，废气中一氧化碳浓度上升，排气管对着门缝，致使废气进入卧室，卧室面积又小，一氧化碳滞留在卧室底部没能及时散发，两人睡在地面很容易吸入。徐某 2 人死后脸色红润，是一氧化碳中毒死亡的明显特征。

造成事故的间接原因，一是某建筑工程公司安全生产意识淡薄，将工程以口头形式分包给无建筑资质的民工建造，没有落实安全生产责任制，没有对公司员工进行安全生产知识教育。二是承包负责人安全意识淡薄，不具备建筑施工资质，对员工缺乏安全知识教育，同时徐某2人没有经过安全教育和培训，不懂汽油发电机不得安放在密闭室内使用的原理，贸然将发电机搬进室内使用。

3. 事故教训与防范措施

（1）生产场所（如车间、锅炉房、动力房等）应加强自然通风，产生一氧化碳的生产过程（如柴油机排气管、锅炉烟囱等）要加强密闭通风。安放汽油发电机的房间必须通风良好，使废气能够顺利排到室外。

（2）存在一氧化碳生成的房间，应经常测定空气中的一氧化碳浓度，或设立一氧化碳警报器和红外线一氧化碳自动记录仪，监测一氧化碳浓度变化。

（3）加强职工培训，当进入危险区工作时，企业必须督促职工佩戴防毒面具，操作后，应立即离开并适当休息。从事危险作业时要有监护人监护，便于发生意外时自救和互救。

讨论题：

1. 生产中能引起职业性皮肤病的主要原因有哪些？
2. 职业性皮肤病的预防原则有哪些？
3. 如何做好职业性接触性皮炎预防？
4. 职业性皮肤溃疡的症状及治疗原则有哪些？
5. 化学烧伤特点与现场急救有哪些注意事项？
6. 职业性呼吸道肿瘤的常见病源有哪些？
7. 职业性白血病的常见病源有哪些？
8. 焦炉工人肺癌的预防措施有哪些？

第七章　劳动防护用品的使用

劳动防护用品在预防职业危害的综合措施中，属于重要的预防部分，当劳动条件尚不能从设备上改善时，还是主要防护手段。在某些情况下，如有可能发生中毒事故或设备检修时，合理使用劳动防护用品，可起到重要的防护作用。劳动防护品包括：防护服装、防护鞋帽、防护手套、防护面罩及眼镜，隔声器，呼吸防护器，皮肤防护剂等。

第一节　改善作业环境与劳动防护用品的应用

一、作业环境的改善

1. 作业环境管理的基本任务

作业环境管理最基本的任务，是消除有害因素，防止职业病害发生，因此其管理的核心内容是如何改善作业环境条件，如何预防职业病害。

具体管理内容，从纵向方面包括有害因素的调查、有害作业点的界定、作业环境危害程度的评定、作业环境改善与防护措施的制定、实施、作业环境日常管理检查等；从横向方面由于不同有害因素的特性不同，改善和预防的措施也不同，因此就形成了面向各种有害因素的改善与管理内容，包括作业环境中的安全标志的布设，热湿环境的改善，生产性粉尘、生产性毒物、噪声、辐射危害的防治，光、声、色、味的调节等内容。

2. 改善作业环境的技术措施

不同作业环境的有害因素也不完全相同，所采取的改善技术措施也不同。但在制定作业环境改善技术措施时，通常采用以下技术措施：

（1）以无毒或毒性小的原材料代替有毒或毒性大的原材料。例如，铸造业所用的石英砂容易引起矽肺，可用其他无害的或含硅量较少的物质代替等。

（2）改变操作方法。改变操作方法通常是改善作业环境条件的最好办法，如将人工洗涤法改为蒸气除油污法，蓄电池铅板的氧化铅改为机械涂法以及静电喷漆法等。

（3）隔离或密闭法。为了将有害作业点与作业人员分开，可采用隔离措施。隔离的方式有围挡隔离、时间隔离、距离隔离、密闭等。密闭是在产生有毒气体、蒸气、液体或粉尘的生产过程中，将机器设备、管道、容器等加以密闭，使之不能逸出。

（4）采取湿式作业。对于产生粉尘的作业过程，可利用水对粉尘的湿润作用，采用湿式作业收到良好的防尘效果，如对耐火材料、陶瓷、玻璃、机械铸造行业等所使用的固体粉状物料采用湿式作业，使物料含水量保持在3%～10%，即可避免粉尘飞扬。石粉厂用水碾、水运可根除尘害。

（5）隔绝热源。隔绝热源是防止高温、热辐射对作业人员肌体产生不良影响的重要措施。

（6）通风。通风是改善劳动条件、预防职业毒害的有力措施。特别是在上述各项措施难以解决的时候，采用通风措施可以使作业场所空气中有毒有害物质含量保持在国家规定的最高容许浓度以下。

(7) 合理照明。合理照明是创造良好作业环境的重要措施之一。照明不合理会使作业人员视力减退，引起职业性眼病，促成工伤事故，降低产品质量，影响劳动生产率。

(8) 合理的厂区规划。在新建、扩建、改建工业企业时，要在厂址选择、厂区规划、厂房建筑配置以及生活卫生设备的设计方面加以周密的考虑，应遵照《工业企业设计卫生标准》中有关规定执行。

(9) 作业场所的合理布置。作业场所布置应做到整齐、清洁、有序，按生产作业、设备、工艺功能分区布置。

(10) 个体防护措施。当采用各种改善技术措施还不能满足要求时，应采用个体防护措施，使作业人员免遭有害因素的危害。

3. 运用个体防护技术

个体防护是利用个体防护用品的阻隔、封闭、吸收、分散等的作用来保护人体机体的局部或全身免受外来的侵害。个人防护用品的品种很多，目前分类方法也不统一，但一般可按以下方法进行分类：

(1) 按防护部位（或人的生理部位）分类：可分为头部、面部、耳、呼吸道、手、足、躯干的防护用品等。

(2) 按使用的原材料分类：根据个人防护用品使用的原材料不同，可分为棉纱棉布制品、化学纤维制品、丝绸呢绒制品、皮革制品、石棉制品、橡胶制品、人造革制品、塑料制品、有机玻璃制品、五金制品、纸制品等。

(3) 按防护用途（或使用性质）分类：一类是用于防止工伤事故的，称为安全防护用具；另一类用于预防职业病的，称为劳动卫生防护用具。根据防护用品的用途不同，可划分为各种用途的用品（见表 7—1)，实际中可根据用途要求进行配置。

表 7—1　　个体防护用品用途类型

防护品用途	防护用品例
防尘用品	各种防尘口罩、防尘面罩、防尘衣、防尘安全头盔等
防毒用品	防毒面具、防毒口罩、氧气呼吸器、防毒衣、防毒手套、防毒油膏等
防酸、碱制品	耐酸碱手套、防酸面罩和口罩、耐酸碱服、耐酸碱靴、耐酸套裤连靴等
耐油制品	耐油胶布制品、耐油鞋和靴、塑料薄膜制品、聚氨酯制品、耐油手套等
绝缘用品	耐高温辐射用品、绝缘橡胶板、绝缘鞋和靴、绝缘手套等
耐高温辐射用品	石棉制品、防辐射隔热面罩、隔热防火服、电焊手套、有机防护眼镜等
防噪声用品	耳塞、耳罩、耳帽、防声棉等
防冲击用品	安全帽、防击伤眼镜及眼罩、防砸鞋和竹板护腿等
防放射性用品	防放射性服装、有机玻璃操作箱、有机玻璃面罩及眼镜、铅玻璃眼镜等
防水用品	胶制工作服、雨衣、长筒和半筒靴及鞋、防水保险套等
涉水作业用品	救生衣、救生圈、下水衣及裤等
高处作业用品	安全绳、带、网，登高板，铁脚扣等
防微波、辐射等	眼镜、面罩和屏蔽服装等
防寒用品	防寒服、防寒鞋、防寒帽、防寒手套等

二、个人劳动防护用品的应用

1. 个人防护用品的作用

个人防护用品在预防职业危害的综合措施中，是一种重要的防护手段。个人防护用品主要有隔热屏蔽和吸收过滤的作用。起到隔热和屏蔽作用的有防护服装、口罩、帽、手套、防护面具、隔声器等。例如，根据接触职业的主要生产性危害因素，可以分别装备防尘、防酸碱腐蚀、防高温辐射和防放射性物质沾污的防护服装等；根据噪声的频谱和强度可装备内耳或外耳隔声器等，用以减小劳动者直接接触或受污染的程度，起到一定的保护作用；起吸收和过滤作用的有防护眼镜和呼吸防护用具。例如，防护眼镜片可选择地吸收过滤紫外线等，过滤式防毒面具能吸收过滤有毒气体和粉尘等。

在选择个人防护用品时，不仅要注意防护效果，还应考虑是否符合生理要求，便于利用。在使用时还需加强管理和检查维护，才能达到应有的防护效果。

2. 使用个人防护用品要注意的问题

使用个人防护用品要注意的问题有：

（1）选择防护用品应针对防护要求，正确选择符合要求的用品，绝不能选错或将就使用，以免发生事故。

（2）对使用防护用品的人员应进行教育和培训，使其能充分了解使用的目的和意义，认真使用。对于结构和使用方法较为复杂的用品，如呼吸防护器，宜进行反复训练，使其能迅速使用。用于紧急救灾的呼吸器，要定期严格检验，并妥善存放在可能发生事故的邻近地点，便于及时使用。

(3) 妥善维护保养防护用品，不但能延长其使用期限，更重要的是能保证用品的防护效果。耳塞、口罩、面具等用后应以肥皂、清水洗净，并以药液消毒、晾干。净化式呼吸防护器的滤料要定期更换，以防失效。防止皮肤污染的工作服用后应集中洗涤。

(4) 防护用品应有专人管理，负责维护保养，保证个人防护用品充分发挥其作用。

3. 根据作业类别选用劳动防护用品

根据作业类别选用劳动防护用品，需要注意的问题：

(1) 易燃易爆场所作业（如火工材料，易挥发、易燃液体及化学品，可燃性气体）。不可使用的防护品：的确良、尼龙等着火焦结的衣物，聚氯乙烯塑料鞋、底面钉铁件的鞋等。必须使用的防护品：棉布防护服、防静电服、防静电鞋。

(2) 可燃性粉尘场所作业（如铝镁粉、可燃性化学物粉尘等）。不可使用的防护品：的确良、尼龙等着火焦结的衣物，底面钉铁件的鞋等。必须使用的防护品：棉布防护服、防毒口罩。

(3) 高温作业（如熔炼、浇铸、热轧、锻造、炉窑）。不可使用的防护品：的确良、尼龙等着火焦结的衣物，聚氯乙烯塑料鞋。必须使用的防护品：白帆布类隔热、耐高温鞋，防强光、紫外线、红外线护目镜或面罩、安全帽等。

(4) 低温作业（如冰库）。不可使用的防护品：底面钉铁件的鞋。必须使用的防护品：防寒服、防寒手套、防寒鞋。

(5) 低压带电作业（如低压设备或低压线路带电维修）。必须使用的防护品：绝缘手套、绝缘鞋。

（6）高压带电作业（如高压设备或高压线路带电维修）。必须使用的防护品：绝缘手套、绝缘鞋、防异物伤害护目镜。

（7）吸入性气相毒物作业（如氯乙烯、氯气、一氧化碳、光气、硫化氢、汞等）。必须使用的防护品：防毒口罩；或者有相应滤毒罐的防毒面罩、空气呼吸器。

（8）吸入性溶胶毒物作业（铝、铬、铍、锰、镉等有毒金属及其化合物的烟雾和粉尘，高毒农药气溶胶，沥青烟雾，硅尘，石棉尘及其他有害粉尘）。不可使用的防护品：防毒口罩、防尘口罩、护发帽。必须使用的防护品：防化学液眼镜，有相应滤毒罐的防毒面罩、防毒防护服、防毒手套。

（9）沾染性毒物作业（如有机磷农药，有机汞化合物，杀和杀的三硝基化合物，苯胺、酚、氯、联苯，放射性物质）。必须使用的防护品：防化学液眼镜、防毒口罩、防毒服、防毒手套、防护帽。

（10）腐蚀性作业（如溴、硫酸、硝酸、氢氟酸、液体强碱、重铬酸钾、高锰酸钾）。必须使用的防护品：防化学液眼镜、防毒口罩、防酸（碱）服、耐酸（碱）手套、耐酸（碱）鞋、护发帽。

（11）密闭场所作业（如密闭的罐体、房仓、孔道或排水系统等）。必须使用的防护品：空气呼吸器。

（12）噪声作业（如风钻、风机、气锤、铆接、冷作敲打等）。必须使用的防护品：耳塞、耳罩、防噪声帽。

（13）强光作业（如弧光、电弧焊、炉窑）。必须使用的防护品：焊接护目镜和面罩炉窑护目镜及面罩。

（14）高处作业（如建筑安装、架线、涂装、货物堆垛等）。不可使用的防护品：底面钉铁件的鞋。必须使用的防护品：安全帽、安全带、防滑鞋。

（15）存在物体坠落、撞击的作业（如建筑安装、冶金、采矿、钻探、造船、起重等）。必须使用的防护品：安全帽、防砸安全鞋。

（16）有碎屑飞溅的作业（如破碎、锤击、铸件切削、砂轮打磨等）。不可使用的防护品：手套。必须使用的防护品：防异物伤害护目镜、一般防护服。

（17）操纵转动机械（如机床传动机械及传动带）。不可使用的防护品：手套。必须使用的防护品：护发帽、防异物伤害护目镜、一般防护服。

（18）手持振动机械作业（如风钻、风铲、油锯）。必须使用的防护品：减振手套以及减振鞋。

第二节　呼吸防护用品和其他防护用品的选用

一、呼吸防护用品的特点与选用

1. 呼吸防护用品的选择

根据 GB/T 18664—2002《呼吸防护用品的选择、使用与维护》，常用的呼吸防护用品分为过滤式和隔绝式两种类型。

过滤式呼吸器只能在不缺氧的环境（即环境空气中氧的含量不低于 18%）和低浓度毒污染环境使用，一般不能用于罐、槽等密闭狭小容器中作业人员的防护。过滤式呼吸器分为过滤式防尘呼吸器和过滤式防毒呼吸器。前者主要用于防止粒径小于 5 μm 的呼吸性粉尘经呼吸道吸入产生的危害，通常称为防尘口罩和防尘面具；后者用以防止有毒气体、蒸气、烟雾等经呼吸道吸入产生的危害，通常称为防毒面具和防毒口罩，防毒面具分为自吸式和送风式两类，目前使用的主要是自吸式防毒呼吸器。

隔绝式呼吸器能使戴用者的呼吸器官与污染环境隔离，由呼吸器自身供气（空气或氧气），或从清洁环境中引入空气维持人体的正常呼吸，可在缺氧、尘毒严重污染、情况不明的有生命危险的作业场所使用，一般不受环境条件限制。按供气形式分为供气式与携气式两类。携气式呼吸器自备气源，属携带型，根据气源的不同又分为氧气呼吸器、空气呼吸器和化学氧呼吸器；供气式呼吸器只适用于定岗作业和流动范围小的作业。

2. 不同滤毒罐的防毒性能

为区分滤毒罐不同的防护对象，不同的滤毒罐采用不同的型号和标色来区分（见表 7—2）。

3. 使用过滤式防毒面具注意事项

使用过滤式防毒面具要注意以下几点：

（1）使用人员应经过结构、性能、维护和故障处理等知识的学习，经理论和实际操作考试合格，方可使用。

（2）根据接触毒物和头形选择不同类型和大小的面具。

（3）用前检查面具气密性。戴好头罩后，用手堵住滤毒罐进气口，用力吸气，感“窒息”时，可认为气密性基本良好，否则不可使用。

（4）使用时要注意防止滤毒罐底部的进气孔和头罩呼气阀被外来物料堵塞。

（5）如在巡岗、检修时突然遇到意外事故发生，又无法脱离此环境，应立即屏住呼吸，若环境空气中含有刺激

表 7—2 滤毒罐的型号、标色和防护对象

型号	标色	防护对象
1L	草绿＋白道	综合防毒：氢氰酸、氯化氢、碘化氢、苯、溴甲烷、二氯甲烷、磷化氢等
1	绿	
2L	橘红	综合防毒：一氧化碳、各种有机蒸气、氢氰酸及其衍生物等
3L	褐＋白道	防有机蒸气：苯、醇类、卤烃类、氨基及硝基烃等
3	褐	
4L	灰＋白道	防氨、硫化氢
4	灰	
5	白	防一氧化碳
6	黑＋黄道	防汞蒸气
7L	黄＋白道	防酸性气体、二氧化硫、氯气、硫化氢、氮氧化物、光气等
7	黄	

注：型号有 L 者，兼防烟雾。

性物质，还需同时闭住眼睛，迅速取出头罩戴上，先打开进气孔，然后猛呼出体内余气。

判断滤毒罐是否失效的方法主要有这样几点：一是靠嗅觉，发现异味即为失效。对剧毒或无气味的毒气如氢氰酸、一氧化碳等则不能用此法。二是称质量，滤毒罐由于吸入湿气和有毒物质，罐重增加，超过规定质量（如 5 号罐超过规定的原质量 20 g 时）应停止使用。三是安装失效指示装置，指示纸变色即为失效。四是用卡片登记作业场所的毒气浓度和累积使用时间，计算剩余有效时间。

4. 防毒面具出现故障时的处理

防毒面具在使用中发生故障，立即以最快的速度脱离

现场，更换面具。在无法脱离时，则针对不同故障采取各种应急措施。

（1）头罩导气管发生空洞时，要用手指捏住空洞。若导气管破损，可设法将滤毒罐与头罩直接连接使用，但应注意罩体增重带来的移位漏气。

（2）呼气阀损坏时，应立即用手指堵住出气孔，呼气时将手放松，吸气时再堵住；或让呼气从罩体边缘泄出。

（3）头罩损坏严重不起作用时，应屏住气，脱掉头罩，直接将滤毒罐的灌口含在嘴里，用手捏住鼻子，通过滤毒罐直接呼吸。

（4）发现滤毒罐有小孔时，可用手、黏土或其他材料堵塞。

5. 保管防毒面具有关注意事项

保管防毒面具应注意以下几点：

（1）公用防毒面具应放在明显部位的专用柜内，柜门不得加锁。

（2）专人保管、定期检查，作为交接班的内容，如已经使用，要做好浓度、时间记录。

（3）一氧化碳滤毒罐每月称重一次，增重 20 g 报废。

（4）不用时将滤毒罐上下两端封严，防止污染或受潮，保存于 5～30℃清洁环境。

（5）面具用后要用肥皂水或清水洗净，以 75％酒精或 0.5％高锰酸钾溶液消毒后晾干存放。

（6）寒冷季节或低温作业场所，应防止罩体发硬、折裂，阀门冻结失灵。

6. 使用氧气呼吸器注意事项

氧气呼吸器是一种与外部空气隔绝、依靠自身供给氧气的防毒面具。压缩氧气瓶有维持 0.5 h、2 h、4 h 不等规格。这种呼吸器与外界隔离效果比较好，但结构复杂，而且比较重，使用人员事先要经过训练。使用时要按照要求操作。

(1) 将氧气呼吸器背带挂于左肩，呼吸器落在右腰，系紧腰带。

(2) 检查供气情况。打开氧气阀门观察压力，按手动补给按钮向储气囊内充气，尽量排出囊内原有气体。

(3) 佩戴面具。检查气路无异常，双手托起面罩，拇指在内，其余 4 指在外握住面具的罩口上部将面罩外翻，使双拇指翻在面罩外，而双手其他手指卷在面罩的胶皮内，然后下颌部进入面罩，双手将面罩稍向上提起，将面罩部分翻在头上，将面罩戴上（耳朵也要盖在面罩内）检查密闭情况。

(4) 试验。戴好面具后，进行 3～5 次深呼吸，注意检查：①氧气表指示的气量；②自动补给系统的补气情况；③手动补气情况；④自动排气阀门工作情况；⑤最后检查联络系统。

确认上述各步无误才能进入有毒环境。

使用氧气呼吸器需要注意以下几点：①心脏病、高血压、精神异常、哮喘、高度近视人员不得使用；②使用时氧气瓶压力必须在 7.8 MPa 以上，降到 2.9 MPa 要迅速退出毒区，至 1.96 MPa 严禁继续使用；③严禁在油类、高温、明火作业环境中使用；④有毒区内应同时有两人作业，以便互救，严禁摘下面具；⑤闻到酸味，感到恶心、乏力、呼吸困难时，迅速离开有毒区；⑥呼吸器应按规定内容、时间进行检验。

7. 保管氧气呼吸器时注意事项

保管氧气呼吸器时要注意：

（1）氧气瓶使用、技术检验、储运等应参照《气瓶安全监察规定》（国家质量监督检验检疫总局令第 46 号）进行。

（2）呼吸器、氧气瓶严禁被油污染，严禁戴着油手套开关氧气瓶阀门。

（3）有毒岗位备用氧气呼吸器，应放在事故柜中，经检查后铅封。如发现铅封被打开，须追查原因，并报气防站重新检查，恢复铅封。

（4）事故柜要作为交接班内容。

（5）氧气呼吸器的发放、检查、技术鉴定等，要由专人进行。

（6）库存呼吸器要装在专用木箱内，严禁受压。

（7）呼吸器使用后，要及时恢复待用状态，以备再用。

8. 自生氧式防毒面具的特点与使用

自生氧式防毒面具由生氧器（内装生氧器、呼吸囊、呼吸阀、吸气囊、应急补给装置）、头罩（面罩、口鼻罩）、双套导气管、背腰带等主要部件组成。主要供救护人员佩戴，适合于密闭、缺氧、毒物浓度较高的环境。此防毒面具严禁在易燃易爆环境中使用，应在说明书载明的时间内使用。自生氧罐的密封设备不用时不得打开，应存放在专用箱（盒）内，避免受到挤压，在室温下保存。

9. 长管式防毒面具使用注意事项

首先按头形选择合适的面具。将导气管与面具接好，进气端安放在上风向，进气口要架起来。戴好面具，做几次呼吸，确认排气阀正常，无窒息或不适感，才可使用。

系好安全绳，方能进入有毒环境，并设专人监护，事先确定好联络和呼救信号。在有毒环境中感到呼吸困难、不适或嗅到毒物气味，应迅速脱离现场进行检查。

使用时要注意：导气管应保持平直、通畅，切勿缠结、挤压、折扁、拉紧，移动导气管动作要缓慢。

二、其他个人防护用品的正确选用

1. 防噪声用品的特点与选用

防噪声用品有耳塞、耳罩、防噪声帽。

（1）耳塞。耳塞为插入外耳道的一种栓塞，最简易的耳塞以棉花制成，常见耳塞用塑料或橡胶制成蘑菇状、伞状、圆锥、圆柱形等。要求能密塞外耳道而又不引起刺激或压迫感。这种耳塞与使用者耳道吻合，防噪声效果好。

（2）耳罩。耳罩通常为塑料制，内衬泡沫或海绵垫层，覆盖耳上，可罩住部分乳凸骨和部分颅骨，从而减少骨传导的噪声。对 110 dB（A）以下、频率大多是 1 000～3 000 Hz 的稳态噪声效果较好。用耳罩时加用耳塞，可增强防噪声效果。

（3）防噪声帽。特别强的噪声除了经外耳道传入听觉器官以外，还可以颅骨传导至听觉器官。这种情况下，佩戴防噪声帽效果较好。

使用防噪声用品时的注意事项：

（1）佩戴耳塞应先将耳廓向上提起，使外耳道口呈平直状态，随后手持耳塞柄使耳塞帽与耳道贴合，不要塞得太深，隔声不良要慢慢转动到最佳位置，规格不合适需另换。用硅胶成型耳塞要分清左右。

（2）使用耳罩和防噪声帽前应先检查罩壳有无裂纹和

漏气，佩戴时注意罩壳标记，顺耳形戴好，一定使耳罩软垫圈与周围皮肤贴合。

（3）进入噪声环境前先戴好护耳用品，工作中不要随意摘除，离开噪声环境摘下护耳用品，让听觉逐渐恢复。

（4）防噪声用品使用后存放盒内，避免受热、挤压，并要保持清洁，用后应清洗、擦干。

2. 常用防护眼镜的种类与选用

常用防护眼镜有普通光学玻璃镜、防紫外线镜、耐高温防护镜、放射线防护镜、微波防护镜、防激光镜。

（1）普通光学玻璃镜。以普通光学玻璃制成镜片，预防车工、磨工、铣工、钻工、镗工、铆工、清砂工、造型工的机械性损伤及酸碱作业、化验、采样的酸碱灼伤，防异物进入眼睛。

（2）防紫外线镜。在光学玻璃内熔入吸收紫外线的化学物品，对可见光线、紫外线吸收率高。根据不同工种需要，镜片分别安装在镜架、面罩或头盔上。现已有液晶制成的电焊镜，遇强光可在 0.001～0.002 s 瞬间变色，保护焊接作业者不发生电光性眼炎。

（3）耐高温防护镜。镜片由耐高温玻璃制成，能吸收部分红外线，用于冶炼作业的炉前工、司炉工、锻工、看火工、铸工、玻璃工等。

（4）放射线防护镜。是在光学玻璃中加入铅，用于 X 射线、γ 射线、α 射线、β 射线作业人员。

（5）微波防护镜。是在光学玻璃外表面加上一层极薄的氧化亚锡金属粉，用于微波作业。

（6）防激光镜。外形为风镜式，镜片多用高分子合成材料制成，可以更换。根据防激光辐射原理，防激光眼镜分为反射型、吸收型、反射吸收型、爆炸型、光化学反应型和变色微晶玻璃型等。

使用防护眼镜时需要注意，防护眼镜多由玻璃材质制成，应避免撞击碎裂。在出现高速飞溅物作业时，镜片可能被打碎，并损伤眼睛，必须采取预防措施，如在镜片外加一层金属网。同时要防止镜架损坏、镜片受磨，不使用时放入盒内。防射线的镜片内有铅离子，易氧化为乳白色，影响透光度，应及时更换。防激光眼镜上均标明所防的光密度值和波长，不得错用。

3. 防高温辐射隔热服装的种类与选用

防高温辐射隔热服装有白帆布服装、铝膜布服装、克纶布服装。

（1）白帆布服装。一定厚度的白帆布具有隔热、反射辐射热、容易将飞溅的火星和熔融物弹掉以及耐磨、断裂强度大和透气性好等性能，因此是作为一般隔热服装的材料。

白帆布所制的工作服、围裙、披肩帽、手套、鞋盖等，广泛用于电焊及其他接触高温、明火作业。白帆布服装应注意防潮，受潮后会泛黄。因而穿用后应洗净，尽量保持白色，以免降低反射功能。存放时应避免与易燃液体接触，防止吸收易燃液体后进入高温地区发生危险。

（2）铝膜布服装。铝膜布具有隔辐射热效能好、反射率高、质地柔软、质量轻、耐老化和防火等特性。用铝膜布所制的防护用品有反穿衣、围裙、套袖、手套、鞋盖及头套面罩连披肩帽。

铝膜布表面护膜，注意保护勿发黄变色，勿积尘或污物，以免降低反射率。使用后立即用软布或软刷子蘸肥皂水刷洗，然后用清水漂净，以防铝膜变质。存放时尽量避免折叠、重压。配套使用的铝膜布服装要保证连接部件完整。

（3）克纶布服装。克纶（酚醛纤维）是一种耐高温的合成纤维，在火焰中很少燃烧，也不熔化，仅呈炭化。克纶有较好的耐腐蚀性，也可做耐酸碱服使用，特别是对非氧化性酸、高温腐蚀性溶液及有机溶剂有较好防御功能，对硝酸的防护性较差。

4. 微波屏蔽服装和防射线性服装的特点与选用

微波屏蔽服装主要采用金属与非金属复合材料制成。用料有金属丝布（柞蚕丝铜丝拼捻布）、镀金属布（渗金属布）和金属膜布，都是金属性导电布，可按操作需要制成大衣、连衣裤、帽子、手套、面纱，适用于各种微波加热作业、无线电通信、理疗、等离子作业等。

防射线性服装有工作服、工作帽、围裙、套袖、手套、帽袜等，分别用棉布、合成纤维布、塑料薄膜或含铅橡胶布等制成，根据不同射线性质、放射剂量以及使用规则选用。放射性服装受沾染后要严格按操作规程清洗、处理。

5. 耐油服与耐油手套的特点与选用

耐油服可用橡胶、塑料和涂料做原料。橡胶耐油服用耐油橡胶布缝制后黏合硫化而成。塑料耐油服用聚氨酯制成，轻便舒适。适用于炼油、储油、运油以及其他接触油类作业。还有在棉布衣裤表面涂一层含氟高分子胶浆，制成透气耐油防水工作服。

耐油手套也有橡胶、乳胶、塑料三种。乳胶手套比较柔软舒适，聚氨酯塑料手套可防苯、耐油。

☆事故案例：

事故案例之一：未正确处理泄漏氯气导致人员氯气中毒事故

1. 事故经过

1999 年 4 月 26 日 20 时 20 分，某化工厂碳丙车间当班操作工张某，从库房滚来一瓶 400 kg 氯气，准备向反应槽内充加。他先接上输气管，随即打开气瓶阀门。这时，一股呛人的黄色氯气烟雾从气瓶角阀的压盖处窜出，并迅速向整个车间漫延，其他岗位的操作人员均被吓跑。张某一时慌了神，飞奔到相距 700 m 的车间主任家里，结结巴巴报告了氯气泄漏的险情。车间主任顾不得详细询问，忙抓起工作服，一边穿衣服一边随张某向生产车间飞奔，迅速打开事故柜，戴上氧气防护呼吸器，冲进满是氯气烟雾的车间，查看氯气泄漏部位。因未带工具，氯气瓶无法关住，只得退出。主任带着扳手第二次冲进车间来到气瓶前关阀门，关住阀门后，中毒倒地。张某见主任倒下，和车间另外 2 名操作工，憋足一口气，冲进逐渐散去的烟雾中，拼力把车间主任抬出车间，放到安全地带，并迅速报告厂部，将车间主任送进医院。车间主任因呼吸系统受到严重伤害，休养了三个多月才痊愈。

2. 事故原因分析

造成事故的直接原因，一是操作工张某违反操作规程，运输氯气瓶是从库房滚来的，而不是使用专用运输工具，致使氯气瓶阀损坏。二是操作工张某操作技术不熟练，没有处理事故的应变技能，发现压盖漏气，没有迅速关掉阀门制止氯气外泄，而是喊主任来处理，导致大量氯气泄漏，散满车间，增加了事故处理的难度。三是张某安全意识淡薄，素质差。虽然携带氯气过滤式防毒面具，但没有派上用场。四是车间主任临场不冷静，处理事故时惊惶失措，预防措施不到位，第二次进入有毒场所时没有戴好防护器材，致使面罩漏气而吸入氯气，导致自身中毒。

造成事故的间接原因，是该车间安全管理不到位，安全培训不到位，安全技术严重缺乏，配置的防护器材形同虚设。

3. **事故教训与防范措施**

（1）制定危险化学品使用的规章制度并进行培训，制订安全技术培训计划，对该车间在岗人员每月进行一次安全技术培训，建立事故应急预案，举行化学事故救援演练，提高全员处理危险化学品事故和预防事故的技能。

（2）在库房门侧和碳丙车间门侧各挖修一个 2 m 见方的石灰池子，长年储满石灰水，以备万一氯气瓶泄漏时，将气瓶滚入池内，消除氯气对人体的侵害和对环境的污染。

（3）建立健全氯气、环氧丙烷、片碱、甲醇、甲醛、碳酸二甲酯等几种危险化学品的生产、储存、运输、销售、使用安全管理制度，并进行不定期检查和考核。

（4）该车间所有在用氯气钢瓶，交由压力容器检测站检测。钢瓶该淘汰的淘汰，瓶阀该换的全部更换，逐瓶建立检验、灌装、使用台账。

事故案例之二：未使用防毒面具导致硫化氢中毒事故

1. **事故经过**

2003 年 7 月 20 日上午，常州某编织整理有限公司安技科长许某，受本公司委托，安排清淤外包工尤某等4人对蓄水抽水清淤泥，11时左右，水基本抽完，因池内角钢阻挡淤泥难以冲洗，尤某派人下池设法取出角钢。午休后，继续清淤工作，尤某派张某、贺某下池作业。4～5 min后，尤某见池内没有动静，觉得有问题，随即叫来吴某，2人在未戴防毒面具的情况下一起下池，见张某、贺某昏倒在池内，同时闻到浓浓的臭鸡蛋味，他们把倒在池内的张某、贺某拖至梯脚，并且向上面人员呼救，接着就迅即失去知觉。池口的许某、王某见情况严重，在呼救的同时，两人未戴防毒面具也紧急下池救人，亦跌倒池内。路过池边的人员听到呼救立即向公司负责人报告。14时35分左右，120救护车赶到现场，因现场无任何救援设施，束手无策。10 min后，消防大队救援人员赶到，将6人陆续救出。这起硫化氢中毒事故，造成3人死亡，1人致残，2人经抢救脱险。

2. 事故原因分析

造成事故的直接原因，是蓄水池内的河水沉淀污泥，硫化氢浓度严重超标，安排操作人员进入未进行监护、也没有采取任何防护措施，致使工人由于短时吸入高浓度硫化氢，产生窒息、昏迷、死亡。

造成事故的间接原因，一是清洗蓄水池过程中发生硫化氢中毒是常见的事故，但企业缺乏对这类岗位的风险评价和危险预知教育，管理缺失。二是缺乏安全健康教育，致使作业人员未按规定使用防毒面具多人施救中毒。

3. 事故教训与防范措施

（1）企业应加强安全健康教育，了解有关知识，对蓄水池等容易发生硫化氢中毒的作业点，进行有针对性的管理。

（2）企业必须建立监管制度，建立应急救援预案，开展危险源的评估和安全评价，从制度上加强管理，防止类似事故重复发生。

事故案例之三：上岗未佩戴防毒口罩导致慢性三氯乙烯中毒事故

1. 事故经过

宁某，男，20 岁，于 1999 年 11 月初进入深圳亚之杰电子制品有限公司工作。12 月 21 日，宁某因皮肤瘙痒 10 余天，全身出现皮疹、尿少等症状，到宝安区沙井人民医院住院治疗，因病情加剧，于 22 日晚转深圳市宝安人民医院急诊，急诊室以“中毒性肝炎、病毒性肝炎”将其收留住院。当天 22 时 30 分，宁某突然呼吸心跳停止，经抢救无效死亡。

因宁某有三聚乙烯接触史，医院建议由卫生防疫站鉴定死因。深圳市宝安卫生防疫站按照卫生监督程序，12 月 23 日对亚之杰电子制品有限公司进行调查，并于 2000 年 1 月 22 日委托中山医科大学法医鉴定中心进行死因鉴定。法医学检查结果显示，组织学检查见肝脏组织呈不同程度变性坏死，多处皮肤呈剥脱性皮炎改变。结合宁某生前有三氯乙烯接触史及临床资料，确认宁某因三氯乙烯中毒致死。

2. 事故原因分析

深圳亚之杰电子制品有限公司是一家合作经营企业，生产电脑主机板，有装配作业工人 70 名，车间南端设有超声波三氯乙烯清洗机 2 台，无局部机械通风设施，三氯乙烯清洗作业场所未形成独立清洗场所，无隔墙，与其他工种混为一体。工人上岗作业没有佩戴防毒口罩、防护眼镜等个人防护用品。宁某岗位距离三氯乙烯清洗机 15 m 左右。三氯乙烯清洗剂月使用量约为 2 400 kg。工人每天工作 8 h，每月约需加班 10 天，每天约 2～3 h。车间空气中三氯乙烯检测结果显示，宁某的工作岗位和清洗岗位三氯乙烯超标 5.1 倍。

3. 事故教训与防范措施

（1）有关部门加强对企业在作业场所使用有毒有害原材料的监管，监督企业寻求其他用无毒代替低毒的替代品，减小三氯乙烯对工人的危害。

（2）在三氯乙烯的主要作业场所设置通风设施及单独隔离措施，加强通风换气，降低有毒有害气体的浓度和对人体的危害。

（3）企业要对作业人员配备个人防护用品，如防毒口罩、防护眼镜等，加强职业危害预防的培训，定期对作业人员进行身体检查，或者调换工作岗位等。

讨论题：

1. 作业环境管理的基本任务是什么？
2. 改善作业环境的技术措施有哪些？
3. 使用个人防护用品要注意哪些问题？
4. 如何根据作业类别选用劳动防护用品？
5. 使用过滤式防毒面具有哪些注意事项？
6. 防毒面具出现故障时如何处理？
7. 保管防毒面具有哪些注意事项？

8. 使用氧气呼吸器有哪些注意事项？

9. 保管氧气呼吸器时有哪些注意事项？

10. 长管式防毒面具使用时有哪些注意事项？